U0360721

新时代〈管理〉新思维

创业风险管理

开公司必知的128个实操陷阱

陈睿峰 —— 著

ENTREPRENEURIAL RISK MANAGEMENT

清华大学出版社

北京

内 容 简 介

由于创业环境和创业活动的不确定性，创业者在公司注册和经营过程中会面临诸多风险。而本书就是一本针对创业风险管理的实操手册，具体讲解如何应对创业过程中的各种风险，意在帮助创业者解决创业过程中可能发生的问题。本书结合大量真实案例，帮助创业者了解创业过程中哪里会出现问题，为什么会出现问题，具有很强的可读性和实操性，适合不同阶段的创业者和管理者阅读。

图书在版编目(CIP)数据

创业风险管理：开公司必知的 128 个实操陷阱 / 陈睿峰著 . —北京：清华大学出版社，2022.6

（新时代·管理新思维）

ISBN 978-7-302-59781-0

Ⅰ . ①创… Ⅱ . ①陈… Ⅲ . ①企业管理—风险管理 Ⅳ . ① F272.3

中国版本图书馆 CIP 数据核字 (2021) 第 279272 号

责任编辑：刘 洋
装帧设计：方加青
责任校对：王荣静
责任印制：丛怀宇

出版发行：清华大学出版社
    网 址：http://www.tup.com.cn，http://www.wqbook.com
    地 址：北京清华大学学研大厦 A 座   邮 编：100084
    社 总 机：010-83470000   邮 购：010-62786544
    投稿与读者服务：010-62776969，c-service@tup.tsinghua.edu.cn
    质 量 反 馈：010-62772015，zhiliang@tup.tsinghua.edu.cn
印 装 者：三河市国英印务有限公司
经 销：全国新华书店
开 本：170 mm×240 mm 印 张：16.75 字 数：270 千字
版 次：2022 年 7 月第 1 版 印 次：2022 年 7 月第 1 次印刷
定 价：88.00 元

产品编号：092553-01

2020年，受第四次工业革命冲击，特别是受黑天鹅事件新冠肺炎疫情影响，大量企业倒闭，同时很多企业开始削减业务，缩减规模。2021年，新冠肺炎疫情仍在持续，科技的升级换代在加速，传统企业生存的难度在不断加大。不过，有危就有机，伴随实现中国梦的大环境，企业或迎来相对成熟的创业环境。但相比于将成熟公司发展得更加强大，小微企业或创业者更需要做的是规避经营中的各种风险，让公司平稳、长久地发展。

创业过程中处处是陷阱，稍不留意，多年的努力就会毁于一旦。创业者急需一本风险管理"宝典"，帮助自己及时了解并规避各种风险。本书围绕创业风险管理这个中心，对创业过程中的各方面风险进行分析，并提出解决办法，指导创业者更好地进行创业实践。

创业风险贯穿创业的整个过程中。因此，本书针对公司注册、地址选择、代理记账、税务、现金流、借贷担保、合伙、人事、经营管理、产品生产、营销、合同、客户、市场、投资并购等方面，详细讲解在企业运营中可能会遇到的风险，并提出了有效的解决办法。

在创立公司过程中，首先，公司注册的合规性可能是被忽视的风险。创业者需要了解并规避公司注册方面的风险，明确注册流程，选好注册场地。为规避这方面的风险，创业者也可以谨慎选择合适的第三方注册服务公司帮助自己完成注册工作。其次，创业公司很容易轻视财务管控风险。很多创业公司因为税务不规范、现金流失控而导致创业失败。为规避这方面的风险，创业者必须选择可靠的代理记账公司，或招聘专业财务人员协助自己管理财务并进行税务申报。创业者要牢记现金流规划的重要意义，合理调整公司的收入和支出，并谨慎进行借贷或为他人担保。

在经营过程中，创业者面临的风险更是来自方方面面，如合伙风险、人事风险、管理风险、产品风险、营销风险、合同风险、客户风险、市场风险、投资并购风险等。这些也是创业者需要结合自身的商业模式、行业特点不断回顾、持续关注的内容，任何的管理不善都可能引发风险，导致创业失败。

本书在每一章中都列出了创业者需要规避的风险，其中不仅包括风险描述、风险规避方法，还包括大量的案例，以便为创业者提供更好的指导。对于广大创业者而言，本书是一本非常实用的指导方法论，能够帮助创业者识别并规避创业风险，助力创业成功。

第1章　注册风险：

前期"马大哈"，后期焦头烂额

第2章　场地风险：

一次搬家不当，公司动荡半年

第3章   代理记账风险：
专业代理记账才能事半功倍

第4章   税务风险：
把好"税"关，别让风控变稽查

第 5 章 # 现金流风险：
一分钱难倒英雄汉，现金流放倒企业家

第 6 章 # 借贷担保风险：
别让好心担保变成替人还债

第 7 章 # 合伙风险：
合伙人需懂得保护自己的"奶酪"

第 8 章　人事风险：
劳动争议最容易"一地鸡毛"

第9章 管理风险：

公司既要"走得快"也要"走得稳"

第10章 产品风险：

产品只有对路才能畅销

第11章 营销风险：

不是所有的营销都能为公司宣传增色

第 12 章 **合同风险：**

谨防一纸合约变成公司的"催命符"

第13章 **客户风险：**

客户多真的能保证公司万无一失吗

第14章 **市场风险：**

怎样降低非预期损失

第15章 **投资并购风险：**

并购怎样才能保证强强联合

附录

参考文献

第1章

注册风险：

前期"马大哈"，后期焦头烂额

很多创业者匆忙注册了公司，随后却发现公司存在很多问题，难以运作，甚至自己还进了工商局的黑名单，这是为什么？新公司在注册过程中会涉及一系列问题，例如，如何确定注册资本，如何制定公司章程，要不要注册商标，如何选择代理注册公司等。对于这些问题，创业者都要认真对待，识别各环节可能存在的风险，避免落入陷阱。建议先认真学习《中华人民共和国公司法》（以下简称《公司法》）和《中华人民共和国个人独资企业法》（以下简称《个人独资企业法》）等相关法律法规。

注册资本 1 亿元显得有实力，连带责任也是 1 亿元

在注册公司时，一定会涉及的一个问题就是注册资本。注册资本意味着什么？它是否与公司需要承担的风险成正比？它是否有额度的限制？很多创业者在注册资本方面都存在诸多困惑。

伴随着《个人独资企业法》的实施，创业者既能以 1 万元为注册资本注册个人独资企业，也能以 1 亿元为注册资本注册有限公司。在这种情况下，很多创业者不知道究竟填写多少注册资本才是最合适的。

公司的注册资本额度意味着什么？虽然《公司法》取消了最低注册资本的限制，但并不意味着注册公司就没有任何条件，"1 元公司"的说法只是一个形象的比喻，因为注册资本只是设立公司需要具备的基本条件之一。此外，维持公司的基本运营也需要一定的资本，开公司完全不花钱是不可能的。

一些创业者为了使公司看起来有实力，完全不考虑经营能力，填写 1 亿元的注册资本。殊不知注册资本越多，公司承担的风险也就越大。如果创业者注册了 1 亿元的独资公司，那么他将承担以下责任。

（1）公司如果进入破产偿债程序，则要以 1 亿元为限清偿债务。

（2）根据《中华人民共和国印花税暂行条例》（以下简称《印花税暂行条例》）规定，公司注册登记后，办理税务登记手续时还要缴纳注册资本（金）0.05% 的印花税，也就是要交 5 万元印花税。

注册资本越大，创业者需要承担的责任越大。注册资本为 1 亿元，创业者就要承担 1 亿元的责任；若公司经营不善倒闭时，也要承担 1 亿元的债务。同时，虽然公司的实缴资本验资程序不存在了，但公司的认缴资金会在信用信息公示系统中公示，监管部门也会对公示内容和实缴资金情况进行核查。如果不一致，将会依法对公司进行处罚，并将其拉入"经营异常名录"向社会公示。

因此，公司的注册资金不是越多越好。虽然注册资本的最高限额在法律

上没有规定，但创业者还是要根据公司实力、发展规划、实际规模酌情填写，规避风险。具体而言，创业者在填写注册资本时，可参考以下两个方面因素：

首先，行业情况。不同行业对公司经营资质有一定要求，相应的对注册资本有一定要求，可以参考同行的注册标准。创业者可以在全国企业信用网上进行查询，参考同行业公司的注册资金。其次，考虑公司的经营能力和规模。注册资本是可以逐渐增加的，公司初创时规模小，经营能力较弱，创业者可以将注册资本写得相对少些，等到后期公司规模扩大，有能力承担更大责任时，再进行增资。

2 注册公司名称及注册商标存在哪些风险

公司名称是与其他公司相区别的标志，是公司的身份象征。一个合适、合法的名称，既能彰显公司的特点，也有助于以后的业务开展。所以，这一步很重要。

《企业名称登记管理规定》第六条规定："企业名称由行政区划名称、字号、行业或者经营特点、组织形式组成。跨省、自治区、直辖市经营的企业，其名称可以不含行政区划名称；跨行业综合经营的企业，其名称可以不含行业或者经营特点。"

例如，北京百度网讯科技有限公司，"北京"是其所在地的行政区划名称，"百度"是它的字号，"网讯科技"是它的行业，"有限公司"则是它的组织形式。在为公司取名时，最关键的就是取一个合适的字号，字号是公司与其他公司相区别的最重要标志。

同时，第十一条规定："企业名称不得有下列情形：

（一）损害国家尊严或者利益；

（二）损害社会公共利益或者妨碍社会公共秩序；

（三）使用或者变相使用政党、党政军机关、群团组织名称及其简称、特定称谓和部队番号；

（四）使用外国国家（地区）、国际组织名称及其通用简称、特定称谓；

（五）含有淫秽、色情、赌博、迷信、恐怖、暴力的内容；

（六）含有民族、种族、宗教、性别歧视的内容；

（七）违背公序良俗或者可能有其他不良影响；

（八）可能使公众受骗或者产生误解；

（九）法律、行政法规以及国家规定禁止的其他情形。"

以上法律条款的内容都是创业者在确定公司名称时需要规避的。另外，给公司起名有不少讲究，例如好听、易记、便于传播等，公司的名称最好与公司的品牌一致，便于后期做品牌推广。但要注意的是，公司名称如果与第三方公司极为相似，可能会在后期发生侵权纠纷。因此，最好提前确认一下公司名称是否已被注册，避免后期发生纠纷对簿公堂。

王先生开办了一家公司，全称为"沈阳 ABC 工程有限公司"（ABC 代表三个汉语文字），简称"ABC 工程"（以下简称沈阳 ABC 公司）。一天，王先生在网上看到一则广告，内容多次提到"沈阳 ABC 工程"，一开始还以为是自己公司的广告，结果发现该广告的发布者名称为"沈阳 CDE 工程有限公司"（CDE 代表三个汉语文字，以下简称沈阳 CDE 公司）。

王先生经过调查发现，沈阳 CDE 公司多次以"沈阳 ABC 工程""ABC 工程沈阳分公司"为名对外宣传，并且与北京 ABC 工程有限公司（以下简称北京 ABC 公司）签订了特许经营合同，所以才会用上述字眼进行宣传。但王先生认为，沈阳 CDE 公司在宣传时所使用的字眼与自己公司注册名称高度相似，会造成混淆，认定其侵犯了自己的企业名称权，于是将其告上法庭。

因为北京 ABC 公司先于沈阳 ABC 公司注册，而且沈阳 CDE 公司与北京 ABC 公司之间早已签订特许经营合同，所以法院最终没有认定沈阳 CDE 公司使用"ABC 工程"字眼属于侵权行为。王先生最终只能吃了个"哑巴亏"。

此外，通常情况下，公司不仅会有自己的名称，还应有属于自己独立知识产权的商标。这两者既是一个公司身份的象征，也是区别于其他公司的标志。在注册公司名称的同时，建议创业者同时注册好商标，避免出现自己的好创意为他人所用的尴尬局面。

注册商标能够保护创业者的商标权。《中华人民共和国商标法》（以下简称《商标法》）第三条规定："经商标局核准注册的商标为注册商标，包括商品商标、服务商标和集体商标、证明商标；商标注册人享有商标专用权，受法律保护。"创业项目中的商标大多名气不足，申请注册才可以获得更有效的权利保障。创业者不应因为项目或公司刚起步商标价值不高而忽视商标注册。

2019 年 3 月 7 日，一个"A 站 B 站商标纠纷"商标权法律诉讼引起关注。上海哔哩哔哩动画有限公司实际控股的上海幻电信息科技有限公司起诉北京弹幕网络科技有限公司实际控股的北京赛瑞思动文化传播有限公司抢注第 10 类名叫"哔哩哔哩"的商标。

哔哩哔哩（B 站）成立于 2009 年 6 月，2010 年 1 月正式命名为"哔哩哔哩"，并逐渐发展成为中国最大的二次元网站。商标纠纷缘由是一家由 AcFun 视频网（A 站）的运营方广州弹幕网络科技有限公司 100% 持有的子公司，于 2015 年 4 月 14 日申请了一个名为"哔哩哔哩"的商标，国际分类为第 10 类，专用权期限自 2016 年 4 月 14 日起至 2026 年 4 月 13 日止。

对此法院认为："申请人提交的在案证据不能证明申请人已将'哔哩哔哩''bilibili'商标在争议商标申请注册日之前""在原告未能举证证明诉争商标的注册对其造成实际损害的情况下，诉争商标的注册未违反《商标法》第三十二条的规定。原告的相关主张不能成立，本院不予支持。"B 站起诉商标被宣布无效。

2019 年 3 月 15 日，AcFun 弹幕视频网（A 站）微博宣布已成功提交注销"哔哩哔哩"商标的申请。声明表示："赛瑞思动在 2015 年 4 月注册了该商标。2017 年，赛瑞思动被 A 站收购。此事已过去四年，前文提及的商标，无益于提升 A 站的竞争力，也不符合快手与 A 站的价值观。公司决定注销此商标，注销申请已成功提交，预计需要 2～3 个月可完成。"至此，A 站、B 站的商标权案件以 A 站公开主动注销商标而告一段落。

不仅是互联网公司，老字号的商标纠纷也屡见不鲜。北京知识产权法院曾就北京稻香村诉苏州稻香村食品有限公司、北京苏稻食品工业有限公司商标侵权及不正当竞争纠纷案作出行为保全裁定：苏州稻香村立即停止在 1 号店、苏宁易购、我买网、京东商城、天猫商城等电商平台销售及宣传带有"稻香村"扇形标识、"稻香村"标识的糕点等产品。

苏州稻香村随后立即启动复议措施。在保全裁定复议申请中，苏州稻香村表示，"稻香村"的商标和字号已经使用了 244 年，1982 年在糕点类已注册的稻香村组合商标中的显著部分就是"稻香村"文字。因此，请求北京知识产权法院依法撤销此前作出的行为保全裁定，同时向法院提供了 6000 万元作为反担保。最终法院支持了苏州稻香村这一请求。

北京稻香村对于法院的"变脸"感到非常意外，并表示仍认为苏州稻香村存在侵犯北京稻香村注册商标的可能性，所以将对解除保全裁定进一步提起复议。

"北稻"和"苏稻"之争至今也未有定论。由于品牌名气非常大，又经过多年经营，有了非常广泛的消费者基础，无论认定哪一方侵权，都会给另一方带来巨大的经济损失，所以这场商标之争注定是一场无休止的内耗大战。

以上两场商标风波都从侧面表明：如果创业前期忽视了商标注册，那么在飞速发展的后期，很可能需要付出巨大的代价从他人手中购回所需商标权。而且，只有在无正当理由的前提条件下连续 3 年不使用，其他人才可以向有关单位申请撤销商标注册。所以，为了避免被动局面，创业者要及时注册创业领域或公司产品所属的核心类别商标权利，并建议在有条件的情况下，尽量将商标申请的类别注册得更为齐全，以防在高速发展的后期，因为商标抢注问题影响市场推广。

除了自己使用的商标类别齐全外，创业者还可以多注册一些相似商标。这些商标可能与你使用的商标名称相似，容易产生混淆。将其一并进行注册的好处是，避免第三方注册这些相似商标名称对公司造成不良影响。

3　制定公司章程，规避注册风险

《公司法》第二章第二十三条规定：设立有限责任公司，应当具备下列条件：

（一）股东符合法定人数；

（二）有符合公司章程规定的全体股东认缴的出资额；

（三）股东共同制定公司章程；

（四）有公司名称，建立符合有限责任公司要求的组织机构；

（五）有公司住所。

同时，第二十五条规定："有限责任公司章程应当载明下列事项：

（一）公司名称和住所；

（二）公司经营范围；

（三）公司注册资本；

（四）股东的姓名或者名称；

（五）股东的出资方式、出资额和出资时间；

（六）公司的机构及其产生办法、职权、议事规则；

（七）公司法定代表人；

（八）股东会会议认为需要规定的其他事项。

股东应当在公司章程上签名、盖章。"

根据以上法律条款，在注册公司时，创业者必须对公司章程引起重视。如果创业者注册的是个人独资企业，则不需要制定公司章程，但如果创业者要注册有限责任公司，就需要制定好公司章程，否则无法完成注册。

公司章程是指公司依法制定的规定公司名称、住所、经营范围、经营管理制度等重大事项的基本文件，也是公司必备的规定公司组织及活动基本规则的书面文件。公司章程是股东共同意见的体现，载明了公司组织和活动的基本准则，是公司的宪章。

公司章程与《公司法》一样，共同肩负着调整公司活动的责任。

首先，公司章程是一个公司开展经营管理等各项活动的依据。有了这个依据，公司的各项活动就能有效避免人为因素导致的不公平现象。可以说，这是一个公司取得长足发展的基本前提。而且，市场监督管理局等管理部门也需要对章程进行审阅。因此，在新公司注册之前，需要先制定公司章程。

其次，公司章程的制定并非随意为之，需要遵守《公司法》等国家相关法律、法规的规定。对于股份有限公司来说，它还需要经过公司股东或董事会的审议，在得到股东或董事会一致同意后，才能正式确定实施。这样，就能保证公司的各项制度和活动在法律允许的范围内进行。

由此，公司章程的重要性和必要性就体现出来了。为了确保公司章程能切实发挥作用，创业者在制定公司章程时需要考虑以下 4 个方面的内容：

（1）以《公司法》等法律、法规为依据；

（2）结合行业发展态势，从有效管理、有效决策、有规则参考的制度化管理出发；

（3）参考同行业中优秀者的章程；

（4）聘请专业的法律顾问解决所涉及的法律问题。

同时，要做出公司面临股东人员调整，经营权利调整，甚至清算结业等不利局面的假设，看看假设条件下能否依托公司章程有效解决相应问题。借助专业第三方的意见，制定出有效的公司章程，从一开始就做好公司的决策机制、议事规则，能够更加有效地推动公司发展。

总之，作为公司组织与行为的基本准则，公司章程对公司的成立及运营具有十分重要的意义。它既是公司成立的基础，也是公司赖以生存的灵魂。公司章程模板，如表1-1所示。

表1-1　公司章程模板

第一章　总　则

第一条　依据《中华人民共和国公司法》（以下简称《公司法》）及有关法律、法规的规定，由＿＿＿＿＿＿＿＿＿＿出资，设立＿＿＿＿＿＿＿＿＿＿（以下简称公司），特制定本章程。

第二条　本章程中的各项条款与法律、法规、规章不符的，以法律、法规、规章的规定为准。

第二章　公司名称和住所

第三条　公司名称：＿＿＿＿＿＿＿＿＿＿＿＿＿＿＿＿＿＿＿＿＿＿＿＿＿＿＿＿＿

第四条　住所：＿＿＿＿＿＿＿＿＿＿＿＿＿＿＿＿＿＿＿＿＿＿＿＿＿＿＿＿＿＿＿＿

第三章　公司经营范围

第五条　公司经营范围：＿＿＿＿＿＿＿＿＿＿＿＿＿＿＿＿＿＿＿＿＿＿＿＿＿＿＿

第四章　公司注册资本及股东的姓名（名称）、出资方式、出资额、出资时间

＿＿＿＿＿＿＿＿＿＿＿＿＿＿＿＿＿＿＿＿＿＿＿＿＿＿＿＿＿＿＿＿＿＿＿＿＿＿＿

＿＿＿＿＿＿＿＿＿＿＿＿＿＿＿＿＿＿＿＿＿＿＿＿＿＿＿＿＿＿＿＿＿＿＿＿＿＿＿

第六条　公司注册资本：＿＿＿＿＿＿万元人民币。

第七条　股东姓名（名称）、证件号码、出资方式、出资额、出资时间如下：

股东姓名（名称）	证件号码	出资方式	出资额（万元）	出资时间
合计				

第四章　公司的机构及其产生办法、职权、议事规则

第八条　公司不设股东会，公司高级管理人员由执行董事、监事、经理组成。公司股东行使下列职权：

（一）决定公司的经营方针和投资计划。

（二）任命执行董事、监事，决定有关执行董事、监事的报酬事项。

（三）审议批准执行董事的报告。

（四）审议批准监事的报告。

（五）审议批准公司的年度财务预算方案、决算方案。

（六）审议批准公司的利润分配方案和弥补亏损方案。

（七）对公司增加或者减少注册资本作出决议。

（八）对发行公司债券作出决议。

（九）对公司合并、分立、解散、清算或者变更公司形式作出决议。

（十）修改公司章程。

（十一）聘任或解聘公司经理。

第九条　公司不设董事会，设执行董事一人，执行董事为公司法定代表人，对公司负责。执行董事任期三年，任期届满，可连选连任。

第十条　执行董事行使下列职权：

（一）决定公司的经营计划和投资方案。

（二）制定公司的年度财务预算方案、决算方案。

（三）制定公司的利润分配方案和弥补亏损方案。

（四）制定公司增加或者减少注册资本以及发行公司债券的方案。

（五）制定公司合并、分立、解散或者变更公司形式的方案。

（六）决定公司内部管理机构的设置。

（七）提名公司经理人选，根据经理的提名，聘任或者解聘公司副经理、财务负责人，并决定其报酬事项。

（八）制定公司的基本管理制度。

第十一条　公司设经理，由股东聘任或解聘。经理对公司股东负责，行使下列职权：

（一）主持公司的生产经营管理工作，组织实施股东会决议。

（二）组织实施公司的年度经营计划和投资方案。

（三）拟订公司内部管理机构设置方案。

（四）拟订公司的基本管理制度。

（五）制定公司的具体规章。

（六）提请聘任或者解聘公司副经理、财务负责人。

（七）决定聘任或者解聘除应由执行董事决定聘任或者解聘以外的负责人或管理人员。

第十二条　公司设监事一人，由公司股东任命产生。监事对公司股东负责，监事任期每届三年，任期届满，可连选连任。监事行使下列职权：

（一）检查公司财务。

（二）对执行董事、高级管理人员执行公司职务的行为进行监督，对违反法律、行政法规、公司章程或者股东会决议的执行董事、高级管理人员提出罢免的建议。

（三）当执行董事、高级管理人员的行为损害公司的利益时，要求执行董事、高级管理人员予以纠正。

续表

（四）提议召开临时股东会会议，在执行董事不履行《公司法》规定的召集和主持股东会会议职责时召集和主持股东会会议。

（五）向股东会会议提出提案。

（六）依照《公司法》第一百五十二条的规定，对执行董事、高级管理人员提起诉讼。

第五章　公司的法定代表人

第十三条　公司不设董事会，设执行董事一人，执行董事为公司法定代表人，对公司股东负责，由股东任命产生。执行董事任期三年，任期届满，可连选连任。执行董事在任期届满前，股东不得无故解除其职务，本公司法定代表人为_____。

第六章　股东会会议认为需要规定的其他事项

第十四条　公司登记事项以公司登记机关核定的为准。

第十五条　本章程自公司设立之日起生效。

第十六条　本章程一式三份，股东留存一份，公司留存一份，并报公司登记机关备案一份。

第十七条　公司的营业期限为_____年，自营业执照签发之日起计算。

股东签字、盖章：

年　　月　　日

此外，如果公司章程有所修改，必须及时到工商部门进行登记备案。若因客观原因致使修改后的章程无法到工商部门进行登记的，则要保证其修订程序严格遵守《公司法》，按规定流程进行。公司章程的修订流程包括以下几个方面。

（1）召集。股东大会应由公司董事会依照《公司法》的规定召集，董事长主持。

（2）确定时间地点。会议召开 15 日前对各股东发起通知；若发行无记名股票的，则要在会议召开 30 日前对召开的地点、时间和审议事项进行公告。

（3）公司临时提案。单独或合计持有股份在 3% 以上的股东，可于股东大会召开 10 日前拟定临时提案，提交给董事会。

（4）表决与通过。表决可以使用会议表决法，但必须出席会议的半数以上股东同意才能通过。若股东大会作出修改公司章程、增加或减少注册资本的决议，以及公司合并、分立、解散或者变更公司形式的决议，必须出席会议的三分之二以上股东同意才能通过。

（5）形成会议记录。股东大会上涉及的所有事项及决定都必须制作成会议记录，主持人和出席会议的股东都必须在会议记录上签名。

总之，创业者必须慎重对待公司章程，不仅要制定完善的公司章程，也要在公司章程的修订方面遵守必要的流程。

4　注册、领证、刻章有哪些注意事项

确定好公司名称和章程之后，创业者就可以去市场监督管理局申请注册了。在这个过程中，创业者要先填写好注册资料。公司类型不同，要填写的注册资料也有所不同。下面分别介绍股份有限公司及有限责任公司在注册时应填写的资料。

1. 股份有限公司

股份有限公司在注册时应填写以下资料。

（1）公司名称。如果创业者拟定的公司名称已经经过了核查，就可以直接使用这个名称注册。如果没有经过核查，最好多准备几个名称，避免因重复或违规导致公司名称不能注册。

（2）经营范围。公司的经营范围要如实填写。因为公司注册之后，市场监督管理局会不定期地对其进行检查，如果出现经营范围不一致的情况，公司就会面临被处罚的风险。而且，不同的经营范围，需要的许可证件也是不一样的。

（3）法人代表。法人代表是负责对外行使公司权力，并对此负有民事责任的人。所以，这是一个很重要的角色，在填写注册资料的时候，其相关信息必须填写清楚。

（4）其他信息。凡是在市场监督管理局注册过的公司，其信息都会在当地市场监督管理局官网的"信用查询"系统中公示。这既是对公司的监督，也是提高公司知名度的一种方法。所以，为了提高公司的知名度，也为了取得合作伙伴的信任，创业者有必要将注册资本、出资比例、公司固定电话、股东电话等信息填写完整。

另外，公司注册地址的房产证以及房主身份证复印件（单位房需要在房产证复印件及房屋租赁合同上加盖产权单位的公章；居民住宅需要提供房产证原件）也是需要提交的资料。

2. 有限责任公司

在注册有限责任公司时，所要填写的资料基本与股份有限公司类似。不同的是，注册有限责任公司还需要提供一份发起人协议。由于有限责任公司的股份不是按照等额分配原则划分的，所以，其股东的责任和义务是不明确的。在这种情况下，就需要依据发起人协议来规定各股东的责任和义务。

大致来说，公司注册就需要填写以上资料。不同地区的市场监督管理局可能还会有更细的要求。在实际注册过程中，根据市场监督管理局工作人员的引导来操作即可。

填写好注册资料后，接下来就是提交注册资料。创业者在向市场监督管理局申请注册公司的时候，市场监督管理局会发放各种表格，如注册申请表、公司股东（发起人）名单、法定代表人登记表、指定代表或委托代理人登记表以及董事、经理、监理情况等。创业者需要按照要求，将这些表格填写好。

在提交注册资料的时候，一方面需要提交以上提到的各种表格，另一方面还需要提交公司章程、核名通知书、租房合同、房产证复印件等市场监督管理局指定的资料。

当然，提交了这些资料，并不意味着注册工作的完成，市场监督管理局还需要对这些资料进行审核。审核通过之后，才可以进行下面的步骤。

一般来说，市场监督管理局会在提交注册资料后的 15 个工作日给出审核结果。如果审核通过了，市场监督管理局会在审核结果出来之后，按照创业者预留的联系方式，向其寄送发放《准许设立通知书》。通知书的内容包括领取营业执照的日期，以及办理营业执照所需缴纳的费用。创业者只需按照规定的时间去市场监督管理局缴费领取证件即可。领取了营业执照，就意味着新公司得到了法律的许可，可以正式开业了。

创业者在领取营业执照之后，还要为公司刻制各种印章，包括公司公章、财务专用章、合同专用章、法人私章、发票专用章、其他股东私章、报关章、部门章等。其中，前面 6 种印章是任何一个公司都必不可少的，而后面 2 种则可以依据公司的实际需要刻制。

这里需要注意的是，创业者在刻制公司公章、财务专用章、发票专用章之前，需要向公安局备案，在收到公安局发送的刻章密码后，才可刻制这 3 种印章。这 3 种印章是公司的象征，代表着公司的权力，其中以公司公章的效力为最大。公司的税务登记、行政文书的签发、开具的证明，都要盖上公司公章后才具有法律效力。

几乎每个公司都会与银行发生业务往来。这时，财务专用章就发挥作用了。公司在银行开具的凭据、支票、汇款单，都需要盖上财务专用章方可生效。

合同专用章则是在签订业务合同时需要使用的。为了减少印章遗失、滥用的风险，在创业初期也可以直接把公司公章当作合同章使用。

在公安局备案过的公司印章对处理公司内外事务都是具有法律效力的，其重要性不言而喻。因此，切不可乱用、滥用公司印章。最好将公司印章交由专门部门保管，将公司印章与公司管理者分离，并且明确印章管理者的职责。做好印章使用管理规定，并照章做好使用记录。当需要用到公司印章的时候，应遵循先签字后盖章的原则。

另外，公司印章也不是随意刻制的，私自刻章是违法的。即使公司印章不小心丢失了，也不能随意找人重新刻制，而需要提前做好备案。

1. 登报公示

公章丢失须在省、市级报纸上刊登遗失声明，刊登遗失声明的费用，根据地区不同，一般 100～300 元不等。而且公章在公安机关是有备案的，所以公司印章一旦丢失，需要携带以下资料及时到公安机关报案。

（1）法人代表身份证原件及复印件。

（2）营业执照正副本原件及复印件。

（3）法定代表人拟写并签名的丢失公章说明材料。

（4）已生效的登报声明文件。

最后，由公安机关出具公章遗失证明（报警回执）。

2. 重新刻章

办理好新刻印章登记后，就可以在公安局治安科的指导下重新刻制印章了。新刻的印章需要与之前丢失的印章有所不同。

可见，公司印章丢失后补办起来还是很麻烦的，除了补刻手续烦琐，还有一定的危险性，如果被一些不法分子利用，后果不堪设想。因此，公司印章一定要妥善保管，以免遗失。

注册后的税务登记、税务报到与领购发票

公司一旦开始运营，就会涉及报税、缴税等问题。所以，当公司注册完成后，创业者要及时进行税务登记、税务报到并领购发票，以便能顺利开展业务。

1. 税务登记

税务登记证包括国税和地税两种，新注册的公司需要同时办理这两种税务登记证。办理税务登记证所需要的材料如下。

（1）法人代表身份证；

（2）房屋租赁合同 / 房产证；

（3）主管国税或地税机关需要的其他资料；

（4）公司章程；

（5）财务人员会计从业资格证及身份证；

（6）组织机构代码证；

（7）营业执照副本。

准备好这些材料之后，就可以去税务局办理税务登记证了。

有些地方的国税登记和地税登记是在一起的，办理一次即可，但有些地方是分开办理的。所以，在申请办理之前，需要问清楚具体情况。如果是分开办理，申请人则需要分别带着以上材料到国税局和地税局进行办理。如今，国家已经开通了税务服务热线，申请人如有不明白的地方，可以拨打 12366 咨询。

一般来说，税务登记证的办理流程如下。

（1）申请办理：申请人携带以上材料到税务局申请办理税务登记证。

（2）填写申请资料：到税务局之后，工作人员会发放一份申请表，申请人应按照表格填写要求，认真、如实填写信息。填完表格后，税务局工作人员会根据申请人填写的经营范围收取相应的工本费。具体缴费情况，以当地政策为准。

（3）领取税务登记证：等待材料审核结果。如果审核通过，就可以在规定时间内领取税务登记证了。

需要注意的是，纳税人在领取营业执照之日起 30 天（含 30 天）内，应向税务机关申报办理税务登记，逾期办理的会被罚款。税法规定，逾期办理者将被处以 2000 元以下罚款，情节严重者将被处以 2000 元以上、10000 元以下罚款。

另外，公司在办理税务登记证时，必须有一个会计，因为税务局要求申请人提交的资料中有一项是会计从业资格证及身份证。如果创业者注册的是小公司，为了降低运营成本，可以先聘请一个兼职会计或者选择一家代理记账机构帮助自己处理会计事务，这样做既符合税务登记证的办理要求，也能减轻公司的资金负担。

2. 税务报到

公司注册成功之后，会获得市场监督管理局发放的营业执照。之后，相关负责人需要拿着这份营业执照以及其他相关材料办理诸如组织机构代码证、税务登记证等证件。办理好的税务登记证上会规定一个到税务局报到的时间。创业者需要指派专人在规定时间内，携带相关资料去税务局办理税务报到手续。

由于税务分为国税和地税，所以税务报到同样分为两种手续，即国税报到和地税报到，它们的具体报到时间通常也不一样。国税的报到时间是公司成立后的当月，地税的报到时间可以放宽至公司成立后的次月。如果在规定时间内未去报到，公司就要缴纳罚金。而且，办理税务报到的人员必须是有会计从业资格证的专门人员。所以，创业者一定要按照规定指派专门人员办理各项事务。

税务报到的流程如下。

（1）签订扣税协议：经办人先到开户行（带上相关文件）签订扣税协议。

（2）到国税报到：经办人到国税报到，填写公司基本信息。一般情况下，到国税报到需要携带公司公章、税务登记证原件及复印件。

（3）办理网上扣税：经办人到国税报到后，拿着扣税协议找税务专管员办理网上扣税，主要是核定缴纳何种税种。之后，税务专管员会给公司一个用户名和密码。

（4）到地税报到：经办人到地税报到，按要求填写《财务会计制度及核算软件备案报告》。

在办理税务报到之后，税务局会核定公司缴纳税金的种类、税率以及申报税金的时间。之后，公司就得按照这一核定标准纳税。

3. 领购发票

地税报到完成后，还要领购发票。领购发票的种类因公司具体业务的不同而有所不同。具体来说，如果公司的性质属于销售类，那么应该去国税局申领发票；如果公司的性质属于服务类，则需要去地税局申领发票。不论哪种类型的发票，都得加盖公司的发票专用章之后才能生效。

领购发票同样需要准备相关材料。而且，初次领购发票与以后领购发票所需材料是不同的。

初次申请领购发票所需要的材料如下。

（1）《纳税人领用发票票种核定表》2 份；

（2）加载"统一社会信用代码"的营业执照或税务登记证；

（3）经办人身份证原件及复印件；

（4）发票专用章印模。

第一次领购发票，申请人携带以上 4 种材料，去办税服务厅办理发票领购手续即可。如果是外省（自治区、直辖市）来本辖区从事临时经营活动的单位和个人申请领购普通发票的，须提供保证人信息或者根据所领购发票的票面限额及数量交纳不超过 1 万元的保证金，并限期缴销发票。申请领购发票的流程如下。

（1）申请人持《发票领购薄》购买发票；

（2）办税服务厅进行发票审核，收取工本费并出售发票；

（3）申请人缴纳工本费并购买发票。

发票的制作同样需要成本，所以申请人需要按规定交纳发票工本费。一旦发现有人违法违章使用发票，主管税务机关将按税务违法、违章工作程序进行处理。

除了要了解申请领购发票需要准备的资料及流程，创业者还要了解一些其他知识，比如，领购发票的种类、小规模纳税人领购发票的种类、小规模纳税人是否可以领用增值税专用发票、增值税专用发票与普通发票的区别等。

注册后长期不经营的潜在风险

很多创业者虽然注册了公司，但出于各种原因，注册后并没有开展经营活动。如果注册后的公司长期不经营，则存在诸多风险。

《中华人民共和国公司登记管理条例》（以下简称《公司登记管理条例》）第六十七条规定："公司成立后无正当理由超过 6 个月未开业的，或者开业后自行停业连续 6 个月以上的，可以由公司登记机关吊销营业执照。"即公司 6 个月不经营，就会被公司登记机关吊销营业执照。

被吊销营业执照的后果十分严重，主要表现为：

（1）《公司法》第一百四十六条规定："有下列情形之一的，不得担任公司的董事、监事、高级管理人员：

（一）无民事行为能力或者限制民事行为能力；

（二）因贪污、贿赂、侵占财产、挪用财产或者破坏社会主义市场经济秩序，被判处刑罚，执行期满未逾五年，或者因犯罪被剥夺政治权利，执行期满未逾五年；

（三）担任破产清算的公司、企业的董事或者厂长、经理，对该公司、企业的破产负有个人责任的，自该公司、企业破产清算完结之日起未逾三年；

（四）担任因违法被吊销营业执照、责令关闭的公司、企业的法定代表人，并负有个人责任的，自该公司、企业被吊销营业执照之日起未逾三年；

（五）个人所负数额较大的债务到期未清偿。

公司违反前款规定选举、委派董事、监事或者聘任高级管理人员的，该选举、委派或者聘任无效。

董事、监事、高级管理人员在任职期间出现本条第一款所列情形的，公司应当解除其职务。"

（2）《企业法人的法定代表人登记管理规定》第四条规定："有下列情形之一的，不得担任法定代表人，企业登记机关不予核准登记：

（五）担任因经营不善破产清算的企业的法定代表人或者董事、经理，并对该企业的破产负有个人责任，自该企业破产清算完结之日起未逾 3 年的。"

（3）被吊销公司的出资人或股东应依法进行组织清算，拒不清算的，要承担由此产生的法律后果。

（4）被吊销营业执照的公司，应将营业执照、公章等缴回原登记机关，如不缴回，则违反登记管理相关法规。如果公司以应收缴的营业执照从事经营活动，则属于无照经营。

（5）公司法人的信用受损，产生不良信用记录，对工作和生活造成巨大打击，限制消费等。

为规避以上风险，在注册公司之后，创业者需要做好以下几个方面工作。

（1）进行零申报：即使没有业务，创业者也需要进行零申报，同时连续 3 个月或一年内零申报超过 6 个月，就会显示税务异常，因此创业者也不能一直零申报，有业务的时候就及时申报。

（2）及时建立账本明细，即使没有收入，也要将支出做账。

（3）按时参加年检：即使周期未满 1 年，也要在当年参加年检。

如果创业者无法继续经营公司，可向工商登记管理部门申请注销公司。先通过公示宣告公司即将注销，再依次办理银行户、国地税、营业执照、公章的注销，如果公司税务存在问题，则需要解决税务问题后再办理注销。

如果觉得将公司注销太麻烦，创业者也可将公司转让。如果公司存在行政处罚、涉税问题，必须等问题解决后才能办理公司转让。如果公司有商标或其他特殊许可证，则会增加转让成功的概率。

公司注册后长期不经营存在很大风险，因此在未做好准备之前，创业者不可盲目跟风，而公司注册后难以经营的创业者也要尽快做出决定，是选择注销公司还是转让公司，不要等到遭受处罚后才追悔莫及。

7　朋友转让空壳公司附赠债务说不清

创业者在进行公司注册时，还需要了解一个概念，那就是"空壳公司"。空壳公司也被称为"现成公司"，指的是没有实际运营团队，也没有实际运营业务，但是依法登记注册过的公司。新公司登记注册尽管已经很容易，但也并非是一蹴而就的，需要经历一段准备时间和注册时间。特别是部分行业注册公司有经营资质要求，例如建筑设计公司等，当部分成熟的创业者遇到较好的业务或项目，需要紧急成立公司时，就可以购买适合的空壳公司。

在实际操作中，购买空壳公司存在诸多风险，创业者需要识别并规避这些风险。

赵斌一直有一个创业梦。有一天，他在和一个朋友聊起创业话题时，朋友表示自己刚好有一个很久没有经营的空壳公司，如果赵斌需要，自己可以把公司转让给他，也能够帮他解决公司注册的麻烦。赵斌十分心动，于是和朋友办理了转让手续，准备大干一场。

赵斌招聘了几名员工，也找到了有意向的客户，但公司业务还没有开展起来，就收到了银行寄来的催款通知书。赵斌经过一番调查才发现，原来该公司还有许多贷款没有还完，而这时他再联系朋友，朋友避而不见。这时赵斌才发现自己被骗了，由于公司法人已经变更为自己，也需要承担这部分债务。在巨额债务的打击下，赵斌的创业梦还没开始就破碎了。

购买空壳公司的风险主要表现在以下几个方面。

1. 注册风险

虽说空壳公司是已经完成注册的公司，但有一些空壳公司可能会虚报注册资本、虚假出资等，创业者需要对空壳公司的注册情况进行调查，明确其是否存在以上问题。同时，部分行业，如金融行业对注册资本限额和实缴资本有特殊的规定，如果创业者购买的是金融行业的空壳公司，就需要核对其注册资本和实缴资本是否符合规定。

2. 债务风险

创业者需要调查空壳公司是否存在债权债务情况。有的空壳公司是在经营不善后转让的，或有过借贷担保等行为，可能存在债务风险。创业者需要对此进行调查，以免背上巨额债务。

3. 税务风险

很多空壳公司是从未发生过经营行为的公司，也可能从未进行过税务申报。但即使公司没有发生经营行为，也需要进行纳税零申报。如空壳公司没有进行纳税零申报，就可能被纳税部门列入黑名单。因此，创业者需要对空壳公司的税务情况进行调查，以规避税务风险。

4. 法律风险

空壳公司的购买流程较为复杂，在这一过程中创业者需要注意的事项有很多，如果不注重公司转让程序，没有签订合同，没有及时办理转让手续，就可能引发法律风险。

为规避法律风险，首先，创业者需要认真查验以下文件：公司注册证书、商业登记证书、公司章程、公司签名章、公司公章、公司招股说明书、法定记录簿、首任董事委任通知书、同意出任董事通知书、注册地址通知书及会计师核实文件。只有证件齐全的公司，创业者才可以放心购买。其次，创业者应和卖家协商好转让价格，达成一致意见后签订转让合同，同时创业者还可以请律师事务所进行合同公证，以确保这一过程具有法律效力。最后，合同签订后，双方应该及时到工商、税务或市场监督管理局等部门办理转让手续。

8　代理注册公司的常见陷阱

注册公司是一件非常烦琐的事情。公司注册过程中涉及多个部门和材料，需要创业者前往市场监督管理局、银行、会计师事务等。尤其是对于经验不足的创业新手来说，可能多次去市场监督管理局、银行、会计师事务所，也不能顺利完成注册工作。

其实，公司注册工作并非一定要创业者亲力亲为，有时候，将这些工作交由专门的代理注册公司来操作，反而省时、省力。代理注册公司能够帮助创业者完成办理工商执照、刻章、税务报到、缴纳印花税、工商开户、社保开户等一系列工作，节省创业者的时间和精力，为新手注册公司提供了极大的方便。

但是，目前市场上的代理注册公司质量参差不齐，如果挑选不谨慎，就可能会落入陷阱。那么，对创业者来说，代理注册公司有哪些防不胜防的陷阱呢？

1. 代理注册公司没有相应的代办资质

代理注册公司需申请代理注册的资质，而一些代理注册公司没有具备相应资质就开展代理注册业务。这类公司往往挂靠于某公司，没有代理注册相关证明、营业执照，甚至没有固定的办公场地。在和创业者沟通业务时，他们可能会以更低的价格、更优质的服务等条件来诱惑、欺骗创业者。

2. 以低价作为诱饵，却在合同中加入许多隐性收费项目

在寻找代理注册公司时，价格是创业者考虑的重要因素，而一些代理注册公司会以低价作诱饵，引诱创业者落入陷阱。例如，一些代理注册公司以"0元注册"为幌子，表示能够为创业者提供免费的代理注册服务，等到签合同时创业者会发现，他们虽然提供了免费核名、免费办理工商执照等业务，但会在刻章、税务申报等项目上收取更高的代办费用。综合来看，创业者往往需要付出更多的费用。

3. 信息泄露

有些不正规的代理注册公司会把公司信息或创业者个人信息公布在网上，或者出售创业者信息。一旦信息被泄露，创业者就会被各种广告骚扰电话"轰炸"，影响正常生活和工作。

4. 以工商、税务名义收取相关服务费

一些代理注册公司无视国家法律法规，以政府之名收取服务费。创业者如遇到类似情况，可咨询公司所在地工商局或者税务局。

5. 利用公司营业执照私开发票非法获取暴利

一些不良代理注册公司会利用国家对小型微利企业的扶持政策，以创业者公司的名义兜售发票，从中非法获取暴利。针对这个问题，创业者要时刻关注公司发票使用情况，定期核对发票。

6. 口头承诺无法兑现

一些代理注册公司会先用超低价格、优质服务的宣传吸引创业者，待合

同签订、收取服务费之后却无法提供相应服务，结果还是要创业者来收拾残局。

在寻找代理注册公司时，创业者要注意规避以上陷阱。要对代理注册公司进行详细调查，从多个方面识别代理注册公司是否正规。具体而言，创业者需要对代理注册公司进行以下方面的调查。

（1）是否有营业执照

创业者需要查看代理注册公司的营业执照。如果一个代理注册公司没有营业执照，那一定是假冒公司，可以直接否定。

（2）营业执照的具体内容是否合规

创业者需要查看营业执照的具体内容。凡是名称为"×××咨询中心""×××咨询有限公司""×××顾问有限公司""×××投资有限公司""×××财务有限公司"，而不是"×××登记注册代理事务所"的代理注册公司，可以直接否定。

（3）注册地址与办公地址是否一致

创业者需要查看代理注册公司营业执照上的注册地址与实际办公地址是否一致。如果二者不一致，就要格外小心，仔细判断对方是否为假冒公司。

（4）营业执照的经营范围是否合适

创业者需要查看代理注册公司营业执照上的经营范围。如果营业执照中没有注明"公司登记注册"，那么这样的公司可以直接否定。

（5）是否主动推销

一般而言，在市场监督管理局门口"守株待兔"式主动推荐自己，且没有固定电话的代理注册公司，通常是不可靠的。

（6）核实工作人员身份信息是否真实

创业者需要查看代理注册公司代理人员的代理证、身份证、学历证明等，而且最好让对方出示证件原件。如果对方在此事表现上表现犹豫，则可以果断放弃这家代理注册公司。

（7）是否打着国家机关名号办事

对于打着国家市场监督管理总局或地方市场监督管理局名号的代理注册公司，创业者要慎重对待。因为国家根本没有专门的机构，也没有委托任何其他机构做代理注册公司这件事情，这种打着国家机关名号的代理注册公司都是违法的。

（8）是否需要事先支付定金

如果代理注册公司提出要事先收取定金，那么创业者可以果断放弃，避免上当受骗。

总之，创业者不要贪图便宜，选择收费低、规模小、无证执业的代理注册公司，这样做的结果很可能是竹篮打水一场空。创业者可以去网上搜索口碑较好、规模较大的代理公司，在确定合作之前要全方位对其进行了解，避免遇到"黑代理"。

第2章

场地风险：

一次搬家不当，公司动荡半年

公司在筹建过程中，需要选择一个明确的"经营住所"，即公司营业地址。按照商业选址规则，公司地址一般会选在交通便利的商业区、产业园区或新兴开发区等。从商业角度来看，创业者可能很容易判断一个地址的优劣，但从法律角度来说，选址并不是一件简单的事，也存在不少风险。

9 普通住宅、商住两用房、写字楼能不能注册公司

办公地址是公司运营的基础，也是公司注册中涉及的关键点，创业者需要知道哪些房屋可以作为注册地址。《公司法》对公司办公地址的注册进行了明确规定，要求注册地址要作为公司经营的主要场所，且注册地址应该是具体的、真实的。而且，创业者要么拥有注册地址的房屋产权，要么与注册地址的房屋所有者签署一年以上租赁合同。

那么，在注册地址的类型方面，普通住宅、商住两用房、写字楼能不能用于注册公司？注册地址关键的参考指标是房屋的使用性质。一般来说，普通住宅是不可以注册公司的，但也要看当地的规定，有的地区在创业者提交业主委员会同意证明、房屋产权证明或房屋租赁合同的情况下，允许创业者将普通住宅注册为公司地址。

而商住两用房能否用于注册公司，取决于房产证上房屋规划的用途。如果房屋的用途是商业或办公，则可以用于注册公司；如果规划用途是住宅，那么创业者需要查询当地政策，明确是否可以将住宅房屋注册为公司地址。

写字楼的性质就是用于商业办公，所以其可以作为公司注册地址。如果创业者在写字楼里注册公司，则需要提交一系列证明材料。《公司登记管理条例》第二十条规定："申请设立有限责任公司，应当向公司登记机关提交下列文件：

（1）公司法定代表人签署的设立登记申请书；

（2）全体股东指定代表或者共同委托代理人的证明；

（3）公司章程；

（4）股东的主体资格证明或者自然人身份证明；

（5）载明公司董事、监事、经理的姓名、住所的文件以及有关委派、选举或者聘用的证明；

（6）公司法定代表人任职文件和身份证明；

（7）企业名称预先核准通知书；

（8）公司住所证明；

（9）国家工商行政管理总局规定要求提交的其他文件。

法律、行政法规或者国务院决定规定设立有限责任公司必须报经批准的，还应当提交有关批准文件。"

有些地区的住宅用房不能作为公司注册地址，那么它是否可以用于办公呢？现在有一些小型公司，由于经济条件限制，租不起写字楼或者商铺，于是它们退而求其次，选择在租金相对便宜的居民区办公，这样的做法合法吗？

国家市场监督管理部门的有关规定表明：公司注册时，办公地址的房产必须是在土地部门规划的商业用地区域内的建筑，房产证上注明的产权必须是经营性商业建筑，并接受利用居住性产权的建筑来注册公司（作为注册地址）的请求。可见，在上述规定中并没有要求公司的实际办公地址必须为商用建筑，所以，在民宅中办公是可以的。

在注册公司时，对于那些由于各方面原因无法使用商业性质的房屋作为办公地址的创业者，可以考虑租赁具有商务独立产权的小面积的商务办公室用于公司注册，也可以在租房时支付一定的费用购买房主的地址注册权。

10 产权不清晰导致"飞来横祸"

创业者李林最近一直在寻找合适的公司注册地址。这天，他在网上看到一则招租信息，某临街的商铺正在招租，地理位置不错，价格也十分公道。于是他按照信息中的联系电话联系了对方，约定了看商铺的时间。随后，李林如约见到了对方，两人相谈甚欢，李林对商铺也十分满意，两人当天就签订了租赁合同。考虑到对方提出的各种优惠条件，李林一次性交付了半年的房租。

之后几天，李林一直在准备公司注册的资料，并催促对方为其提供商铺产权证明。前几次联系时，对方一直在推脱，之后就再也联系不到了。而这时，一位陌生男子来商铺收房子，李林才知道这位陌生男子才是房子真正的主人，而之前的人不过是商铺的上一位租客。这位陌生男子提出想要在这里办公需要重新和他签订租赁合同、支付房租，否则立刻搬走。得知被骗、囊中羞涩的李林不得不搬出了商铺，最终公司也没有注册成功。

在选择租赁方式开公司时，创业者一定要注意租赁合同中可能存在的陷阱。市面上房屋出租的信息五花八门，租房途径也多种多样，如何才能在众多的房源信息中找到适合自己的房子呢？创业者首先应该明确什么样的房子能租，什么样的房子不能租，避免租赁没有产权证明或产权不清晰的房子。在选择房子时，创业者要严格遵守以下原则，以规避租赁合同中的陷阱，如图 2-1 所示。

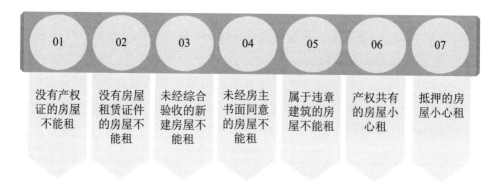

图 2-1　租赁房屋的原则

1. 没有产权证的房屋不能租

租赁房屋前，创业者需要确认房屋的产权证、房主的身份证，确认对方是否有权租赁房屋。产权证上的产权人与房主身份证信息应一致，不能提供产权证的房主不能相信。产权证是房屋的权属证件，能够证明房屋的权属关系，这是房屋租赁的法律基础，也是建立租赁关系的第一要件。

2. 没有房屋租赁证件的房屋不能租

要使租赁关系合理合法，房主还要具有房地产管理部门批准的房屋租赁证件，只有获得了租赁证，出租行为才合法，出租手续才完备。因此，在租赁房屋前，除了要查看产权证和房主身份证以外，创业者也需要查看房屋的租赁证件。

3. 未经综合验收的新建房屋不能租

有的房主急于出租房子，将未经综合验收部门验收的房屋出租给承租者，这样做既违反国家有关法规，也对承租方的安全造成威胁。一般来说，开发商在交房时，会向房主提供《房屋竣工验收备忘表》，表示房屋已经通过验收。创业者在租房时，也可以请房主提供《房屋竣工验收备忘表》，或相关的房屋质量证明文件。

4. 未经房主书面同意的房屋不能租

如果创业者租赁的房子是承租者转租的，那么需要查看房主的书面同意书。承租人未经房主书面同意，擅自转租的房屋不能租。根据《中华人民共和国民法典》（以下简称《民法典》）关于房屋租赁方面的相关规定，承租者如果想转租房屋，需要经过房主同意，否则房主可以要求解除合同。因此，在租房前，创业者一定要确认房主的身份以及房产证，或者向周围的业主打听房子的背景情况。

5. 属于违章建筑的房屋不能租

未得到规划部门的批准而私自建造的房屋属于违章建筑。对于这类违章建筑，规划部门会对房主进行处罚，并强令其限期拆除。如果创业者租到了这类房屋，就会面临房屋被拆除的风险。因此，在租房前，创业者需要认真核对房屋的产权证明和租赁证明，确保房屋有出租的资格。

6. 产权共有的房屋小心租

如果房屋属于多人共有的房屋，那么创业者在租赁时要格外小心，要明确所有的共有人是否对房屋出租无异议。产权共有的房屋，在共有人未一致同意出租的情况下不能出租，即使大多数共有人同意也不能出租，因为这会对不同意出租的共有人构成侵权。创业者需要对此进行确认。

7. 抵押的房屋小心租

在租赁房屋前，创业者一定要明确该房屋是否有抵押。如果该房屋已经抵押，在得到抵押权人同意之前不能租。创业者需要对此进行确认。

除了要明确该房屋是否符合出租规定以外，还要在签订租赁合同时注意以下几个方面。

首先，在签订租赁合同时，一定要保证签署人是房主本人。如果签署人不是房主本人，那么创业者的合法权益将存在很大隐患。有时租赁双方有人因为一些原因不能及时签订合同，有些房主会要求支付订金，这时创业者也需要查看房屋产权证、房主身份证。在证件没有问题的情况下，订金数额也有一定的要求，一般不超过月租金的 20%。如果房主要求一年一付房租或者要求支付大笔订金，那么创业者需特别注意是否存在骗局。

其次，为避免责权不清产生问题，创业者在与房东签订租房合同时，一定要将合同条款细节写清楚。其主要内容如下。

（1）明确房屋的租金、租赁期限、付款时间、付款方式等条款。

（2）明确相关的配套费用，比如租赁期间的水、电、煤气、有线电视、上网等费用由谁交付，并确认现有缴费情况。

（3）明确押金问题。需在合同内约定什么情况下返还，什么情况下不返还房屋押金。

（4）在房屋租赁合同内明确约定，如房屋出现漏水、室内用品损坏等问题由谁负责。

总之，创业者在实际租房过程中要有防范出租陷阱、规避租赁风险的意识，在租房时要充分注意两点：一是要有维权意识，确定权责关系人信息；二是完善租赁合同，合同条款要尽量详细。

11　租赁合同小心签，责任不明引发风险

在确定房屋产权没有问题之后，创业者就要考虑租赁合同的签订问题。对于签订房屋租赁合同，创业者需要注意哪些问题？

一般在签订合同时，创业者需要确认以下内容。

（1）签订合同时，一般是缴纳 3 个月的租金和 1 个月的保证金。

（2）如需将承租的写字楼作为公司注册地址，应提前咨询房主是否能够提供相关材料办理营业执照。

（3）租赁合同包含租用单位、价格、租用期限等详细事项，需双方盖章签字才可生效。

（4）创业者需要谨慎对待合同中与数字或钱相关的条款，如有不实内容，需要及时与房主协商。

同时，需要注意，租房通常需要签订租期一年或一年以上的合同。创业者应该仔细斟酌合同内容，如果发现协议内容需要补充，一定要在合同签订之前与房主协商好。

除此之外，创业者还需要注意一些细节问题，如物业费、取暖费等。

创业者刘先生通过房产中介租了一套写字楼，经置业顾问协助，他与房主愉快地签订了租房合同，但是在签订合同一周之后，写字楼的物业负责人要求刘先生交纳此前拖欠的物业费 7200 元。

于是，刘先生打电话询问房主，房主以各种理由推诿。物业人员一直催促刘先生缴纳这笔费用，并告知他，如再不缴费，将作停电处理，刘先生又与房主多次沟通，房主才缴纳了这笔费用。

为避免上面案例中的问题，创业者一定要仔细确认房屋租赁合同的完整性。房屋租赁合同的内容主要包括以下几个方面。

（1）双方当事人的情况。

房屋租赁合同中应该明确写出创业者和房主的姓名、联系电话等个人信息。

（2）房屋具体情况。

房屋租赁合同要写明房屋的确切位置，要具体到某路某号某室；房屋占地面积；房屋装修情况，如房屋的墙壁、门窗、厨房和卫生间等；简要列出房主为创业者准备的设施，例如沙发、家电等。另外，合同中还应写明房屋为何种产权，产权人是谁。

（3）租赁期限。

如果创业者打算长期租赁房屋，为求稳定可以在合同中约定期限。

一般来说，在租赁期限内，房主不可擅自收回房屋，创业者也不能解除合同转而租赁别的房屋。同时，房屋租赁合同到期后，创业者也要按时将房屋退还给出租人。如果创业者想继续租赁，可以提前通知房主，协商续租事宜。

（4）房租及支付方式。

房屋租金由创业者和房主协商决定，租金的付款方式分为年付、半年付和季付。虽然选择年付的方式可能会为创业者争取到一些优惠，但从减轻经济压力的角度来说，按月或按季付款的方式更适合创业者。

（5）房屋修缮责任。

出租人是房屋的产权人或产权人的委托人，因此修缮房屋应由房主负责。

创业者在租赁前一定要仔细检查房屋及其内部设施，确保今后能够正常使用。在正常使用过程中出现设施损坏情况时，创业者应及时与房主沟通并请物业公司来维修。如设施损坏是由创业者操作不当造成的，创业者需要负责维修。

（6）房屋状况变更。

对于房屋和设施创业者无权进行拆、改、扩建等。如需要对房屋进行改动，创业者需要征得房主同意并签订书面协议。

（7）违约责任。

在签订合同前，创业者要将各种可能产生的违反合同的行为在合同中一一列举出来，并规定相应的惩罚办法。如果房主未按约定配备家具，创业者可与房主协商降低房租。

（8）租赁合同的变更和终止。

如果在租赁过程中创业者和房主都想要改变合同上的各项条款，如租赁期限、租金等，双方可以在协商后进行变更。

如果创业者想要提前解除合同，则需要及时通知房主，然后按照合同约定或协商给予对方补偿。如果合同到期，则该合同自然终止。

创业者一定要清楚以上房屋租赁合同的相关事项，了解这些事项能防止创业者在租房时掉进陷阱，产生不必要的损失。

注册地址与办公地址必须相同吗

在公司注册及实际运营过程中，可能会遇到注册地址与办公地址分离的情况。其原因可能是公司规模扩张，也可能是原地址拆迁等。这种情况是否符合法律、法规的要求？

《公司法》规定，公司应以其主要办事机构所在地为住所。也就是说，公司的营业执照经营地址就是办公地址。市场监督管理局对公司进行检查时，就是以营业执照上的经营地址为依据进行审核的。除此之外，《公司登记管理条例》明确要求经公司登记机关登记的公司住所只能有一个。由此看来，公司的注册地址不能与办公地址分离。

但是，在实际经营过程中，很多公司因为经营成本或者税收政策等因素，导致注册地址和实际经营地址不一致。例如，根据国家相关规定，公司注册在开发区或者工业园区内，开发区管委会可以为其提供公司注册、年检、税务申报缴纳等全套服务，类似这样的优惠政策能够让新成立的公司省去很多日常开支。但是，很多享受这类政策的公司，由于其公司业务不适合在园区内开展，所以之后它们就会选择在其他地方从事经营活动，从而导致公司注册地址与办公地址分离。公司的这种安排虽然解决了经营方面的问题，但却隐藏着很大的法律风险。

为了避免法律风险，创业者应该事先了解一下相关的法律、法规。在国家市场监督管理总局（原国家工商行政管理总局）《对企业在住所外设点从事经营活动有关问题的答复》中，有如下规定。

（1）经市场监督管理机关登记注册的企业法人的住所只能有一个，企业在其住所以外地域用其自有或租、借的固定场所设点从事经营活动，应当根据其企业类型，办理相关的登记注册。

（2）依照《公司法》和《公司登记管理条例》设立的公司在住所以外的场所从事经营活动，应当向该场所所在地公司登记机关申请办理设立分公司登记。对未经核准登记注册，擅自设点从事经营活动的，应按《公司登记管理若干问题的规定》进行查处。

关于将公司注册地址与办公地址分离且没有依法登记的处罚办法，如图 2-2 所示。

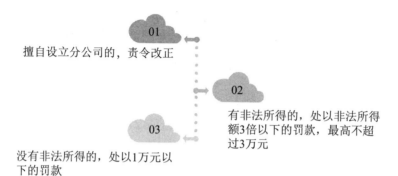

擅自设立分公司的，责令改正

有非法所得的，处以非法所得额3倍以下的罚款，最高不超过3万元

没有非法所得的，处以1万元以下的罚款

图 2-2　公司注册地址与办公地址分离且没有依法登记的处罚办法

但是，如果确实有迫不得已的原因，必须实行注册地址与办公地址分离，那么公司应该如何做才能避免出现法律风险呢？

事实上，《公司登记管理条例》对公司的经营场所并没有数量上的限制。因此，如果出现了公司注册地址必须与办公地址分离的情况，那么创业者应及时按照《公司法》和《公司登记管理条例》依法对新的办公地址进行登记注册。

具体来说，创业者有两个可供选择的途径：第一，变更登记信息，将公司的注册地址变更为经营所在地的地址；第二，在经营所在地设立分公司。

因此，当创业者在登记注册公司后，又发现了更合适的公司经营地址时，可以放心地将公司迁移到新的办公地址。但是，在这个过程中，创业者应按照有关法律、法规及时完成新地址的登记注册工作。

13　注册公司地址，这些证明材料缺一不可

2021 年初，创业者覃某注册的公司因涉及虚假登记行为被立案调查，后经调查发现，覃某在注册公司时提交的房屋租赁协议、住所使用证明等为虚

假材料。最后，覃某不仅被处以罚款，营业执照也被吊销。而这也意味着其进入了登记机关的黑名单。

《公司法》第一百九十八条规定："违反本法规定，虚报注册资本、提交虚假材料或者采取其他欺诈手段隐瞒重要事实取得公司登记的，由公司登记机关责令改正，对虚报注册资本的公司，处以虚报注册资本金额百分之五以上百分之十五以下的罚款；对提交虚假材料或者采取其他欺诈手段隐瞒重要事实的公司，处以五万元以上五十万元以下的罚款；情节严重的，撤销公司登记或者吊销营业执照。"

同时，《公司登记管理条例》第六十四条规定："提交虚假材料或者采取其他欺诈手段隐瞒重要事实，取得公司登记的，由公司登记机关责令改正，处以 5 万元以上 50 万元以下的罚款；情节严重的，撤销公司登记或者吊销营业执照。"

一旦公司被吊销营业执照，创业者就会被列入黑名单。《企业法人法定代表人登记管理规定》第四条规定："有下列情形之一的，不得担任法定代表人，企业登记机关不予核准登记：

担任因违法被吊销营业执照的企业的法定代表人，并对该企业违法行为负有个人责任，自该企业被吊销营业执照之日起未逾 3 年的。"

根据以上法律法规可知，一旦创业者使用了虚假材料注册公司，就会被罚款、撤销登记或吊销营业执照。为规避以上风险，创业者需要提交真实有效的注册材料，证明该注册地址符合法律、法规的要求。那么，创业者在市场监督管理局进行公司注册登记的时候，需要出示哪些相关材料，才能证明该注册地址符合法律、法规的要求呢？一般来说，可以作为公司注册地址证明材料的有以下 11 种。

（1）《房屋所有权证》复印件。

（2）国有土地《土地使用权证》复印件。

（3）房屋管理部门颁发的《房屋租赁许可证》复印件。

（4）土地管理部门颁发的《土地使用权租赁许可证》复印件。

（5）属于国有土地上新建的房屋，尚未领取《房屋所有权证》或《土地使用权证》的，则提供建设部门颁发的《建筑施工许可证》复印件。

（6）属于新购买的房屋，尚未领取《房屋所有权证》或《土地使用权证》

的，则提供购房合同、发票、商品房预售证复印件。

（7）属于公房，未取得《房屋所有权证》和《土地使用权证》的，则提供由房屋管理部门出具的有关产权证明。

（8）属于集体土地上建造的房屋，暂时无法提供产权证的，如产权属于乡、镇政府所有，可由乡、镇政府出具同意使用场地的证明；如产权属于农民或村委会所有，可由房屋所在区国土资源部门或房屋管理部门出具同意使用场地的证明。

（9）如果注册地址是宾馆、饭店、招待所等，则提供拥有"住宿"经营范围或"房屋出租"经营范围的公司营业执照复印件。

（10）如果房屋性质属于军产，则提供所在军区后勤部颁发的《军队房产租赁许可证》复印件。

（11）如果注册地址在市场里，则提供《市场名称登记证》复印件。

如果公司注册地址是租借的，那么创业者不仅要提交以上产权证明，还要提交一份使用证明。它可以是以下材料中的任何一种。

（1）如果办公地址是租赁的，则提供房屋租赁协议（出租方应是房屋所有者，承租方应是正在申请开办的公司）。

（2）如果办公地址属于转租的情况，则提供转租协议（出租方为原承租方），以及房屋所有权人出具的同意转租的证明或在转租协议上盖章确认。

（3）如果办公地址是由母公司无偿提供的，则提供由母公司出具的无偿使用证明。

（4）如果房屋产权属于股东所有，由股东无偿提供给所投资的公司使用的，则提供由股东出具的无偿使用证明。

如果创业者有以上类型的证明材料，就可以提交给市场监督管理局申请公司注册。

此外，如果公司的注册地址存在问题，就会被列入"地址异常"，这是创业者需要引起重视的。那么，哪些原因会使得公司被列为"地址异常"呢？

（1）有关部门抽查。

为维护市场秩序，工商、税务部门会随时抽查公司的注册地址。例如，相关部门会随机对某个区域部分公司的营业执照进行抽查，通过发信函或打电话的方式对营业执照上的地址进行核查。被抽查的公司如果多次无人收信或无人接听电话，则会被列入"地址异常"。

（2）使用虚假地址。

有的地区会建立一个"统一地址库"，以此判断公司的注册地址是否符合标准，虚假的地址会被列入"负面清单"。如果公司使用的注册地址刚好在"负面清单"上，就会被有关部门核查，在确认该地址不存在后，公司就会被列为"地址异常"。

（3）同一地址注册多家公司。

同一地址注册多家公司是可以的，但如果数量过多，就会引起有关部门的关注和核查。如果相关部门发现该公司注册地址与实际办公地址不一致，公司也会被列为"地址异常"。

除以上 3 种情况外，注册资本过高、超范围经营等都可能导致公司被查，所以创业者在经营过程中要十分注意，在选择注册地址时，一定要选择真实、正规的地址。

公司被列入"地址异常"会怎样？

（1）在工商、税务局办理各项登记和审批时会受到限制。

（2）无法参与政府采购、工程招标等事项。

（3）不能在银行等金融机构贷款、融资等。

（4）信用度大打折扣，影响公司的发展。

因此，在选择公司注册地址时，创业者千万不要提供虚假地址，如发现注册地址存在风险，则要及时变更注册地址，否则将会对公司经营造成不良影响。

14 不及时办理注册地址变更登记有什么风险

一般情况下，公司注册地与办公地点是一致的，那么，如果公司变更了办公地址又没有及时办理变更登记，有什么风险？

（1）《公司登记管理条例》第六十八条规定："公司登记事项发生变更时，未依照本条例规定办理有关变更登记的，由公司登记机关责令限期登记；

逾期不登记的，处以 1 万元以上 10 万元以下的罚款。其中，变更经营范围涉及法律、行政法规或者国务院决定规定须经批准的项目而未取得批准，擅自从事相关经营活动，情节严重的，吊销营业执照。

公司未依照本条例规定办理有关备案的，由公司登记机关责令限期办理；逾期未办理的，处以 3 万元以下的罚款。"

这就意味着，经工商行政管理机关查处，会被处以 1 万元以上 10 万元以下的罚款。

（2）《企业法人登记管理条例施行细则》第四十九条第（三）项规定："擅自改变主要登记事项，不按规定办理变更登记的，予以警告，没收非法所得，处以非法所得额 3 倍以下的罚款，但最高不超过 3 万元，没有非法所得的，处以 1 万元以下的罚款，并限期办理变更登记；逾期不办理的，责令停业整顿或者扣缴营业执照；情节严重的，吊销营业执照。"

这意味着公司将面临警告、限期办理登记、责令停业整顿、扣缴营业执照、吊销营业执照等行政处罚。

（3）《中华人民共和国民事诉讼法》（以下简称《民事诉讼法》）第二十二条规定："下列民事诉讼，由原告住所地人民法院管辖；原告住所地与经常居住地不一致的，由原告经常居住地人民法院管辖：

（一）对不在中华人民共和国领域内居住的人提起的有关身份关系的诉讼；

（二）对下落不明或者宣告失踪的人提起的有关身份关系的诉讼；

（三）对被采取强制性教育措施的人提起的诉讼；

（四）对被监禁的人提起的诉讼。"

如果公司涉及诉讼事项，对公司法人提起的诉讼由公司住所地法院管辖，法院文书也会送往住所地址。如果因为公司办公地址变更而没有收到法院文书未出席法庭，则公司就要承担败诉风险。

注册地址与办公地点不一致，属于擅自变更办公地址的行为。创业者要及时到工商部门和税务部门办理地址变更的相关手续，将公司注册地址变更为办公地址。此外，创业者也可以在办公地址注册分公司，使注册地址与办公地址一致。

15 提前退租如何不被多扣违约金

2020 年 8 月，孙先生为创办公司以每月 2 万元的价格承租了赵先生的一间商铺，租期一年。2020 年 12 月，因公司业务问题，孙先生计划将公司迁到新的地址，于是与赵先生协商提前退租，但赵先生却表示，根据合同约定，如果孙先生要提前退租需向其支付 30 万元违约金，孙先生瞬间慌了神，想退租却不敢退租。

那么，在租赁合同中约定巨额违约金是否有效？如果提前退租，承租人需要承担哪些责任？一般而言，承租人提前退租，需要支付一定的违约金，承租人可以按合同规定支付违约金，也可以与出租人协商违约金。但如果出租人事先在租赁合同中约定了过高的违约金，则承租人可通过仲裁维护自己的利益，避免遭受过多损失。

首先，虽然承租人提前退租是违约行为，但约定过高的违约金未必会获得法院的全额支持。《民法典》第五百八十五条规定："当事人可以约定一方违约时应当根据违约情况向对方支付一定数额的违约金，也可以约定因违约产生的损失赔偿额的计算方法。约定的违约金低于造成的损失的，人民法院或者仲裁机构可以根据当事人的请求予以增加；约定的违约金过分高于造成的损失的，人民法院或者仲裁机构可以根据当事人的请求予以适当减少。当事人就迟延履行约定违约金的，违约方支付违约金后，还应当履行债务。"

孙先生与赵先生签订了月租金为 2 万元的租赁合同，在赵先生未能举证证明因孙先生提前退租对其造成重大损失的情况下，30 万元的违约金明显过高。因此根据《民法典》的规定，人民法院在审判过程中会以实际损失为基础，兼顾当事人的过错程度、预期利益等因素作出裁决。

其次，承租人提前退租对出租人造成损失的范围应是"可预见"的。《民法典》第五百八十四条规定："当事人一方不履行合同义务或者履行合同义务不符合约定,造成对方损失的,损失赔偿额应当相当于因违约所造成的损失,包括合同履行后可以获得的利益;但是,不得超过违约一方订立合同时预见到或者应当预见到的因违约可能造成的损失。"

在租赁纠纷中可认定为出租人的损失主要有:提前退租导致的房屋空置损失、重新出租房屋导致的中介费用损失等。

参照《北京市高级人民法院关于审理房屋租赁合同纠纷案件若干疑难问题的解答》中的说明,因承租人根本违约行为导致房屋租赁合同解除,出租人要求承租人赔偿其房屋闲置期间的租金等实际损失的,可予以支持。但在损失具体数额不能确定的,可以推定为租赁房屋闲置期间的租金损失最长一般不得超过六个月。

总之,在提前退租方面,创业者支付的违约金应根据出租人的实际损失来决定。在违约金过分高于损失时,创业者有权要求适当减少违约金额度。如与对方协商不成,创业者可通过诉讼方式维护自己的利益。

第 3 章

代理记账风险:

专业代理记账才能事半功倍

很多创业者都会选择借助代理记账公司处理公司财务,而不是招聘财务人员。创业初期公司业务少,财务工作简单,选择代理记账公司能够省时省力地完成公司的财务工作。但客观来说,代理记账也存在风险。例如,很多代理记账公司没有相应的资质,没有专业的财务人员,经其处理的财务反而会给公司带来麻烦;或者代理记账公司在资质方面没有问题,但是会在合同中设置很多隐性收费条款。对于代理记账的这些风险,创业者要学会识别并规避。

16　代理记账公司真能低价吗

对于初创业者来说，选择代理记账公司进行财务管理是不错的方式。在选择代理记账公司时，创业者往往会有诸多疑虑：为什么不同的代理记账公司收费差那么多？是否要选择价格最低的代理记账公司？

首先，创业者要分析一个问题——代理记账公司真能低价吗？任何代理记账公司的目的都是为了盈利，但为什么有的代理记账公司却打出了"0 元注册，代理记账 99 元起"的广告？其实这只是一种吸引客户的营销手段而已，可能后期会有隐性收费，也可能创业者得到的是与低价相匹配的低质服务。

代理记账公司并不能做到真正的低价，低价可能只是推销的前奏。代理记账公司往往会先提供某种低价服务，再推销高价服务。最初的低价是为了之后的高价。

创业者张青看到某代账公司推出"0 元注册，99 元代账"服务，十分心动，与其签订了代理记账合同，每月支付 99 元的代理记账服务费。但 3 个月之后，该公司的代理记账服务就涨到了每月 200 元，超过了市场平均水平。张青虽然对涨价不是很满意，但也接受了这个价格，因为更换财务人员对公司来说是件十分麻烦的事。

由此可见，创业者不能盲目相信代理记账公司提出的低价优惠，而要认真思考，规避代理记账风险。

为避免落入代理记账公司的陷阱，创业者必须要审核代理记账公司的资质，与正规的代理记账公司签订完善的合同，明确双方的责任分工。在签订代理记账合同时，创业者需要注意以下事项。

1. 审核代理记账公司的资质

在签订合同之前，创业者需要对代理记账公司的资质进行审核。

（1）明确代理记账公司是否是在工商局登记注册的有限公司。

（2）明确代理记账公司是否有合法的经营场所，并确保其办公场所干净整洁安全，以保证公司存放于此的档案的安全性。

（3）明确代理记账公司是否具有财政局下发的《代理记账许可证》，只有获得该证件，代理记账公司才能够开展代理记账业务。

（4）代理记账公司需要使用在财政局备案的、专业的财务软件处理账务工作，创业者需要对这一点进行审核。

（5）明确代理记账公司是否有一定数量的专业从业人员。

2. 核对收费项目

一些不良代理记账公司会在代理记账合同中设置隐性条款，对收费项目的描述也十分模糊，这些都可能成为代理记账公司日后多收费的借口。为了避免落入这一陷阱，创业者需要对合同中的收费项目进行核对，确定每项收费是否公开透明、合理合法。

3. 明确财务交接条款

财务交接是财务工作中的重要环节，完善的代理记账合同需要有明确的财务交接条款。即在合同期限内，双方需要约定好财务信息交接的期限，同时编制移交清单，列明应移交的财务凭证、财务账簿、财务报告等，保证公司的财务工作持续顺利开展。

4. 明确各方责任并制定违约条例

在代理记账合同中，代理记账公司需要按时处理好公司财务工作，公司也需要按规定向代理记账公司支付费用。为确保双方的利益不受侵害，代理记账合同中应制定违约条款，如代理记账公司没有按规定履行合同义务，使公司遭受损失，那么公司可依据违约条款向代理记账公司索赔，以降低自己的损失。

在签订代理记账合同时，创业者需要注意以上几个要点，了解代理记账公司是否具备相关资质，明确双方的职责和详细的合作方式，以免给公司带来不好的后果。

如何选择专业的代理记账公司

为解决公司的账务问题，创业者钱中打算找一家代理记账公司合作。他根据网络广告找到了一家代理记账公司，并进行了实地考察。该代理记账公司的规模较小，一共只有十余名员工，但对方负责人向其表示，公司代理记账价格实惠，并且虽然员工少，但都是具有会计从业证书的专职人员。听到这些后，钱中比较满意，于是与其签订了代理记账合同。

但一个月之后，钱中查看公司账目时发现账目很乱，一些应该缴纳的税务也没有及时缴纳。钱中就此事与代理记账公司沟通时，才发现负责公司账务的财务人员根本就没有会计从业证书。针对这一事件，对方负责人表示是自己的失误，安排错了财务人员，并弥补了钱中的损失。

由于更换代理记账公司并不容易，钱中也没有过多计较这件事，但是在此后双方的合作中，钱中经常为一些本不该出现的失误与代理记账公司沟通，虽然代理记账公司每次都承认错误并赔偿损失，但这段合作也给钱中带来了十分不好的体验。合同到期后，钱中果断结束了与对方的合作。

以上问题可能很多创业者都会遇到，如果与一家不专业的代理记账公司合作，那么创业者就可能要面对数不清的麻烦。为了规避这一风险，创业者需要选择专业的代理记账公司。

创业者可以通过以下技巧来判断代理记账公司是否专业，如图 3-1 所示。

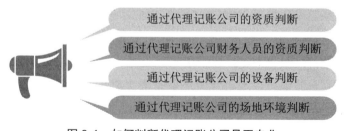

通过代理记账公司的资质判断

通过代理记账公司财务人员的资质判断

通过代理记账公司的设备判断

通过代理记账公司的场地环境判断

图 3-1　如何判断代理记账公司是否专业

1. 通过代理记账公司的资质判断

代理记账公司必须要具备当地财政局颁发的《代理记账许可证》，才具有开展代理记账业务的资质。同时，一个正规的公司也需要有营业执照。创业者需要对以上公司证件进行检查，确保代理记账公司合规。

2. 通过代理公司财务人员的资质判断

《代理记账管理办法》第四条规定："申请代理记账资格的机构应当同时具备以下条件：

（一）为依法设立的企业；

（二）专职从业人员不少于 3 名；

（三）主管代理记账业务的负责人具有会计师以上专业技术职务资格或者从事会计工作不少于 3 年，且为专职从业人员；

（四）有健全的代理记账业务内部规范。

代理记账机构从业人员应当具有会计类专业基础知识和业务技能，能够独立处理基本会计业务，并由代理记账机构自主评价认定。"

创业者需要核实财务人员是否具备会计师从业证书、税务师从业证书以及相应的工作经验等，专业的财务人员不仅熟悉代理记账的工作流程，还能为创业者提供财务咨询指导。

3. 通过代理公司的设备判断

专业的代理记账公司具备专业的用于做账的电子设备，并配有相应的财务软件。在先进设备、技术的支持下，代理记账公司的业务交流和工作输出效率才会高。

4. 通过代理公司的场地环境判断

专业的代理记账公司都是有固定办公场地的，同时办公场所的大小、环境情况等都能反映代理记账公司的实力与规范程度。如果一家代理记账公司场所很小，办公环境也很差，很难让人相信其专业性。

18　小心上一家代理记账公司留下的陷阱

在和代理记账公司合作的过程中，还存在这样一种风险，即在合同期满，创业者与代理记账公司解除合作之后，才发现代理记账公司为自己挖了一个大大的陷阱。

某科技有限公司创始人杨文就落入了这样的陷阱。创业初期，经朋友介绍，他与一家代理记账公司达成合作，委托对方处理公司财务工作。由于缺乏社会经验和财务知识，杨文并没有按时查账。

一年之后，杨文与代理记账公司合约期满，他才发现自己掉进了一个"大坑"。当时，公司的产品处于研发阶段，还没有上市，因此公司一直有研发支出，但没有营业收入。但这种情况并没有反映到公司的财务报表上，在代理记账公司给出的财务报表上，公司的账面盈亏始终是"0"。

已经得到天使轮融资的杨文拿着这份"收支平衡"的财务报表，不知道怎样向投资人交代：投资的钱花出去了，却不知道花在了哪里。无奈之下，杨文花了大量的时间和精力，通过查询各类支出，将研发等费用支出重新梳理了一遍。杨文花钱雇佣代理记账公司，不仅没有得到应有的服务，还徒增了不少麻烦。

以上案例表明，即使与代理记账公司结束合作，对方还是可能为公司留下陷阱。为规避这种风险，创业者需要定期查看公司账目，明确公司收支情况以及税务申报情况，如果发现问题，则需要及时与代理记账公司沟通，避免承受更大损失。

权责不清晰，出现问题无人负责

张阳是某公司的总经理，为节省开支，他委托一家代理记账公司处理公司的财务工作。一个月之后，张阳在查账时发现，公司上个月没有缴纳印花税，现在不仅要补缴印花税，还要缴纳滞纳金。

张阳针对此问题与代理记账公司沟通，要求对方对此负责，哪知对方却表示，未及时缴纳印花税是因为张阳的公司没有及时提供相关财务数据，张阳没有理由对代理记账公司问责。张阳却认为，既然签订了代理记账合同，那么公司的一切财务工作自然是代理记账公司负责。双方各执一词，最终不欢而散。

如果公司与代理记账公司之间权责不清晰，出现问题时，双方就有可能相互推诿，这对公司的财务管理是极为不利的，也会让创业者遭受更多损失。为避免这种风险，创业者需要和代理记账公司签订完善的代理记账合同，明确双方职责，并约定违约责任。代理记账合同模板如表 3-1 所示。

表 3-1　代理记账合同模板

甲方（委托方）：
乙方（受托方）：
甲方因经营需要，委托乙方代理记账，为维护双方权益，根据《民法典》及《代理记账管理办法》等法律、法规的规定，甲乙双方经友好协商，达成如下协议：
一、委托时间
乙方接受甲方委托，对甲方＿＿＿＿年＿＿＿＿月至＿＿＿＿年＿＿＿＿月的财务工作进行代理记账。
二、业务范围
1.代理记账
（1）每月做账报税。
（2）装订会计凭证、账簿。
（3）每月提供资产负债表、利润表，每季度提供企业所得税报表。
2.代理申报纳税，协助公司处理税务工作。
3.财务管理咨询。
三、甲方的责任和义务
1.甲方应健全企业管理制度，依法经营，保证原始凭证真实、合法、完整。

2. 甲方应在每月＿＿日前为乙方提供真实、完整的财务资料，包括发票的使用情况、银行存款情况等，对提供的原始凭证的真实性、完整性负责。如果甲方提供资料不完整或提供虚假的财务资料，致使乙方无法顺利工作，或导致有关部门处罚的，由甲方负责。

3. 对于乙方退回的、需要按照国家统一会计制度规定进行更正、补充的原始凭证，甲方应及时进行更正、补充。

4. 甲方应安排专人负责现金的收付，做好会计凭证的登记和保管工作，保管好所有的往来单据。

5. 甲方应将收到工商、税务部门的通知及时、准确地传达给乙方。

6. 甲方应为乙方的代理记账人员提供必要的工作协助。

7. 甲方应按本合同规定及时支付代理记账费用。

8. 甲方应承担乙方在代理记账过程中的会计用品费用。

9. 甲方应承担在办理纳税申报等事项时，乙方所发生的工本费。

10. 如在合同期限内，甲方公司的公司性质发生改变，那么记账费用也按乙方公司的收费标准进行收费。

11. 如甲方拖欠记账费1个月以上且断联，乙方可停止做账报税，导致有关部门处罚的，由甲方负责。

四、乙方的责任和义务

1. 乙方应根据《中华人民共和国会计法》《企业会计制度》《企业会计准则》和各项税收管理有关规定开展代理记账业务。

2. 乙方应根据甲方的管理需要，选择合适的会计核算制度。

3. 乙方应做好凭证签收工作，指导甲方保管会计档案并在合同终止时做好会计工作交接工作。

4. 乙方应审核甲方提供的原始凭证，填写记账凭证，登记会计账册，制作会计报表。同时乙方应保管好甲方的会计资料，由乙方原因致使甲方资料丢失、损坏，应由乙方负责弥补并承担相应的经济损失。

5. 乙方应对甲方商业秘密和会计资料严格保密，不得向外透露。

6. 税务部门到甲方检查时，如有必要，乙方应到场，并根据需要向税务部门汇报。

五、代理记账费用结算方式

经甲、乙双方协商，代理记账费用为每月人民币＿＿＿＿元，按季度，由甲方于合同签订后7日内支付。

六、违约责任

（1）任何一方如违反合同规定，给对方造成损失的，则依《民法典》的相关规定承担违约责任。

（2）合同存续期间，任何一方终止合同，应提前一个月通知对方，并向对方支付500元违约金。

七、本合同一式二份，甲、乙双方各执一份。

八、本合同自甲、乙双方签字盖章之日起生效。

甲　方：　　　　　　　　　　乙　方：

代表人：　　　　　　　　　　代表人：

　年　月　日　　　　　　　　　年　月　日

创业者可以参考以上模板与代理记账公司签订代理记账合同。合同中要注明委托时间、业务范围、双方的责任和义务、费用结算方式及违约责任等；如有增值服务，也要注明增值服务的收费标准。权责清晰的代理记账合同能够明确创业者和代理记账公司双方的责任和义务，明确双方在什么时候做什么事。在双方合作出现问题时，创业者也能够明确问题产生的原因，以合同为依据进行精准问责。

20 业务人员不专业，导致账目混乱

在创业之初，孙琦为更快更好地处理公司财务工作，与某代理记账公司达成合作协议，委托对方处理公司财务问题。3 个月之后，孙琦查账时才发现，代理记账公司提供的财务报表极其混乱，利润表、资产负债表含糊不清，根本无法据此分析公司的财务状况。

经过一番了解，孙琦才发现，代理记账公司对员工的管理极不规范，每个月来公司交接财务数据的财务人员都不是同一个人，导致对方对公司的财务情况没有全面的了解。同时，负责公司财务的财务人员没有足够的财务经验，难以处理复杂的财务数据，会计和报税的效率都很低，制作的财务报表也有很多遗漏，甚至存在数据错误问题。这些都导致公司账目混乱，根本无法为决策提供依据。

无奈之下，孙琦只得解除了和该代理记账公司的合作协议，并选择了一家规模大、人员和设施配备齐全的代理记账公司。新的代理记账公司将公司的乱账、旧账进行了重新梳理并建立了清晰准确的新账，同时还规避了公司在财务方面存在的风险。在新的代理记账公司的协助下，孙琦也能够更顺利地开展业务和进行公司管理了。

如果代理记账公司的业务人员不专业，不能梳理各种财务数据并准确记账，那么就会导致公司账目混乱，为公司带来诸多风险。为规避风险，创业者要选择具有相关资质、规模较大、人员配备齐全、专业的代理记账公司。

这样的代理记账公司具有经验丰富的会计人员，能够使用专业软件进行财务核算，同时在对账目进行核对比较时，也能够及时发现并更正账目中存在的问题，保证账目的完整性和准确性。此外，创业者也需要对公司账目定期核查，及时发现账目问题并规避风险。

21 不按时报税或少缴税

某公司总经理周楠需要出国谈一笔业务，却被出境管理机关阻止出境，原因是其公司存在欠税问题，为防止税款流失，身为公司法人的周楠被限制出境。随后周楠就此事与其合作的代理记账公司沟通，代理记账公司承认了自己的失误，并补缴了税款，但周楠最终还是错过了出国谈业务的时机。

申报纳税是代理记账公司的重要工作，如果代理记账公司不及时报税或少缴税，就会引发诸多风险，公司也会承担各种不良后果。纳税申报和缴纳税款是两项重要工作，不依法申报纳税会产生程度不同的不良后果。

1. 没有按时纳税申报，但及时缴纳了税款

《中华人民共和国税收征管法》（以下简称《税收征管法》）第六十二条规定："纳税人未按照规定的期限办理纳税申报和报送纳税资料的，或者扣缴义务人未按照规定的期限向税务机关报送代扣代缴、代收代缴税款报告表和有关资料的，由税务机关责令限期改正，可以处二千元以下的罚款；情节严重的，可以处二千元以上一万元以下的罚款。"因此，对于这种情况，公司会被责令限期改正并受到处罚。

2. 按时纳税申报，但没有及时缴纳税款

《税收征管法》第四十条规定："从事生产、经营的纳税人、扣缴义务人未按照规定的期限缴纳或者解缴税款，纳税担保人未按照规定的期限缴纳所担保的税款，由税务机关责令限期缴纳，逾期仍未缴纳的，经县以上税务

局（分局）局长批准，税务机关可以采取下列强制执行措施：

（一）书面通知其开户银行或者其他金融机构从其存款中扣缴税款；

（二）扣押、查封、依法拍卖或者变卖其价值相当于应纳税款的商品、货物或者其他财产，以拍卖或者变卖所得抵缴税款。

税务机关采取强制执行措施时，对前款所列纳税人、扣缴义务人、纳税担保人未缴纳的滞纳金同时强制执行。"

因此，对于这种情况，公司会被责令限期缴纳税款，如逾期未缴，则会被强制缴纳税款。

3. 按时纳税申报，但申报不实

《税收征管法》第六十三条规定："纳税人伪造、变造、隐匿、擅自销毁账簿、记账凭证，或者在账簿上多列支出或者不列、少列收入，或者经税务机关通知申报而拒不申报或者进行虚假的纳税申报，不缴或者少缴应纳税款的，是偷税。对纳税人偷税的，由税务机关追缴其不缴或者少缴的税款、滞纳金，并处不缴或者少缴的税款 50% 以上 5 倍以下的罚款；构成犯罪的，依法追究刑事责任。

扣缴义务人采取前款所列手段，不缴或者少缴已扣、已收税款，由税务机关追缴其不缴或者少缴的税款、滞纳金，并处不缴或者少缴的税款 50% 以上 5 倍以下的罚款；构成犯罪的，依法追究刑事责任。"

因此，对于这种情况，公司除了会被追缴税款、滞纳金外，还会被处罚。

此外，公司不按时报税也会给公司法人造成信用污点，导致其不能贷款买房，不能办理移民，不能领养老保险，被阻止出境等，带来不必要的麻烦。

《税收征管法》第四十四条规定："欠缴税款的纳税人或者他的法定代表人需要出境的，应当在出境前向税务机关结清应纳税款、滞纳金或者提供担保。未结清税款、滞纳金，又不提供担保的，税务机关可以通知出境管理机关阻止其出境。"

22 缺乏合理规划，使企业错过优惠政策

李超是某公司的创始人，公司创立之初，业务开展、员工招聘、财务管理等工作让他身心俱疲。为了更好地管理公司，他将公司的财务工作委托给一家代理记账公司负责，自己则集中精力处理公司业务。

一天，李超偶然间听到同行感叹最近出台了一个税收优惠政策，正好可以为公司减税。李超听后也十分高兴，但他与代理记账公司的财务人员沟通此事时，对方的回答却含混不清。经过询问，李超才知道，虽然公司能够享受该优惠政策，但财务人员并没有关心优惠政策的动向，更没有提前对相应政策进行调查，也不清楚如何申报，最终错失良机。

事实上，代理记账并不只包括按时进行纳税申报、财务数据统计等日常工作，代理记账公司除了做好这些本职工作外，还要帮助公司做好税务筹划，了解各种税收优惠政策并帮助公司合理节税。如果由于代理记账公司的失误，错过了税收优惠政策，就会使公司面临多缴税款的风险。

缴纳税款是公司的重要支出，为减轻税负、促进中小企业发展，财税部出台了一系列税收优惠政策。2019 年 1 月 18 日，财政部发布了《关于实施小微企业普惠性税收减免政策的通知》（以下简称《通知》），该《通知》对新创立的小微企业给予了力度很大的税收减免政策，如图 3-2 所示。

其中，主要的税收优惠、条件及计算方法如下：

（1）免征增值税：月销售额 10 万元以下（含本数）的增值税小规模纳税人。

（2）放宽小型微利企业的条件：不再区分工业企业和其他企业，统一按照"从事国家非限制和禁止行业，且同时符合年度应纳税所得额不超过 300 万元、从业人数不超过 300 人、资产总额不超过 5000 万元三个条件"，如表 3-2 所示。

图 3-2   《关于实施小微企业普惠性税收减免政策的通知》

表 3-2   小型微利企业的认定条件

小型微利企业	原优惠政策	普惠性所得税减免政策
行业	国家非限制和禁止行业	国家非限制和禁止行业
从业人数	工业企业：不超过 100 人	不超过 300 人
	其他企业：不超过 80 人	
资产总额	工业企业：不超过 3000 万元	不超过 5000 万元
	其他企业：不超过 1000 万元	
年应纳税所得额	不超过 100 万元	不超过 300 万元

（3）企业所得税税收优惠计算：2019 年 1 月 1 日至 2021 年 12 月 31 日，对小型微利企业年应纳税所得额不超过 100 万元的部分，减按 25% 计入应纳税所得额，按 20% 的税率缴纳企业所得税；对年应纳税所得额超过 100 万元但不超过 300 万元的部分，减按 50% 计入应纳税所得额，按 20% 的税率缴纳企业所得税。

举例来说，C 企业 2019 年第一季度预缴企业所得税时，经过判断不符合小型微利企业条件，但是此后的第二季度和第三季度预缴企业所得税时，经过判断符合小型微利企业条件。

那么，C 企业在第一季度至第三季度预缴企业所得税时，相应的累计应纳所得税额分别为 50 万元、100 万元、200 万元。

实际应纳所得税额和减免税额的计算过程如图 3-3 所示。

计 算 过 程	第 一 季 度	第 二 季 度	第 三 季 度
预缴时，判断是否为小型微利企业	不符合小型微利企业条件	符合小型微利企业条件	符合小型微利企业条件
应纳税所得额（累计值，万元）	50	100	200
实际应纳所得税额（累计值，万元）	50×25%=12.5	100×25%×20%=5	100×25%×20%+（200-100）×50%×20%=15
本期应补（退）所得税额（万元）	12.5	0（5-12.5<0，本季度应缴税款为0）	15-12.5=2.5
已纳所得税额（累计值，万元）	12.5	12.5+0=12.5	12.5+0+2.5=15
减免所得税额（累计值，万元）	50×25%-12.5=0	100×25%-5=20	200×25%-15=35

图 3-3 小型微利企业普惠性所得税减免

资料来源：关于《国家税务总局关于实施小型微利企业普惠性所得税减免政策有关问题的公告》的解读

因此，符合小型微利企业条件的企业可以多关注国家税收减免政策，以便在减少缴税负担的同时为自己争取更多的发展资金。

第4章

税务风险：

把好"税"关，别让风控变稽查

企业的税务风险包括两个方面：一是企业的纳税行为违反了税收法律法规的规定，未纳税、少纳税，从而面临补纳税款、缴纳滞纳金、罚款、刑罚处罚等风险，影响企业声誉；二是企业没有用好有关优惠政策，多缴纳了税款，承受了更大的经济负担。为规避以上风险，创业者需要做好税务审查工作，从细微之处入手解决好税务问题。

税务异常风险

在企业经营过程中，一些企业因为忽视财税工作，造成税务异常问题。那么，常见的企业税务异常情形有哪些？面对税务异常风险，企业又应如何解除呢？

企业被列入税务异常名录主要是由于以下三种情形。

1. 逾期未申报

如果企业在税务机关规定的日期内没有进行纳税申报，或延期仍未申报，就会被相关部门列为税务异常。

2. 拖欠税款

如果企业在税务机关规定日期内进行申报，但未缴纳应纳税款或缴纳税款不足，并且在税务机关规定期限内未补缴，那么会因为拖欠税款被列为税务异常。

3. 被列为风险纳税人

这种税务异常是由于企业过往缴纳的税款存在问题，被要求配合调查是否存在偷税、漏税情况。在该种情形下，企业会被税务机关列入风险纳税人名单，也会被列为税务异常。

一旦企业被列入税务异常名单，就会给其经营活动带来许多财税风险。因此，创业者应了解企业的具体财税情况，并及时处理税务异常问题。

首先，创业者可通过以下 3 种方法进行企业税务异常查询。

（1）登录本地税务机关门户网站，点击"纳税人状态查询"，填入纳税人识别号、纳税人名称和校验码之后即可查询。其公布内容包括：违法纳税人名称、税务登记证号码、经营地址、违法事实、处理决定、法定代表人及责任人信息等。

（2）拨打 12366 纳税服务热线，输入税务登记号码即可查询。

（3）如果企业纳税情况异常被列入"黑名单"，则可向当地税务机关咨询具体"黑名单"相关事宜。

如果企业出现了税务异常情况，则可以通过以下方法来处理。

（1）企业提供税务异常情况说明和解除税务异常的理由。

（2）办税服务厅接收以上材料，核对企业报送材料是否齐全、形式是否合规。如资料齐全、合规，则会受理；如资料不齐全或不合规，则会驳回，并告知企业应补正资料或不受理的原因。

（3）相关部门对企业税务异常情况进行调查、核实。

（4）企业补充申报，补缴税款、滞纳金、罚款。

（5）办税服务厅根据相关部门反馈情况，在企业补充申报，补缴税款、滞纳金、罚款后，解除企业税务异常状态。

（6）对已宣布税务登记证件失效的企业，则会收回其原税务登记证件，发放新的税务登记证件。

创业者可通过以上方法解除企业的税务异常风险。同时，在企业生产经营过程中，创业者一定要重视财税工作的处理和相关问题的解决，避免出现税务异常情况。

24 缺进项票，虚列开支风险大

公司在经营过程中，既会为购买原材料、聘请员工而支付一定的费用，也会因销售产品或提供劳务而获得一定的收入。前者称为进项，后者称为销项。如果将公司看成一位纳税人，那么公司所要缴纳税费的税基就是销项减去进项后的余额。如果公司想少缴纳税费，就需要增加进项的比例。

进项通常包括购买办公用品、购买机器设备、购买汽车、汽车加油、汽车修理、购买低值易耗品等。这些进项都属于公司的必需支出，是公司运营成本的一部分。所以，在缴纳税费的时候，需要将这一部分支出减掉。

但事实上，很多公司都会缺少进项票，一些行业可以抵扣进项的成本大多属于人工成本，对方难以给出发票，或者公司的供应商多为散户，很难开出发票。同时，一些公司内部管理不规范，员工缺少取得进项票的意识。这些都导致公司的进销差价不合理。

进销差价不合理会增加公司的税务支出。为了解决这一问题，一些公司会虚列开支，虚开发票，这样做是违法的，存在很大的法律风险。

虚开发票是我国刑法中明令禁止的行为。根据中华人民共和国国务院令第 587 号《国务院关于修改〈中华人民共和国发票管理办法〉的决定》第二十二条规定："开具发票应当按照规定的时限、顺序、栏目，全部联次一次性如实开具，并加盖发票专用章。

任何单位和个人不得有下列虚开发票行为：

（一）为他人、为自己开具与实际经营业务情况不符的发票；

（二）让他人为自己开具与实际经营业务情况不符的发票；

（三）介绍他人开具与实际经营业务情况不符的发票。"

针对增值税专用发票，《最高人民法院关于适用〈全国人民代表大会常务委员会关于惩治虚开、伪造和非法出售增值税专用发票犯罪的决定〉的若干问题的解释》中规定："具有下列行为之一的，属于'虚开增值税专用发票'：

（1）没有货物购销或者没有提供或接受应税劳务而为他人、为自己、让他人为自己、介绍他人开具增值税专用发票；

（2）有货物购销或者提供或接受了应税劳务但为他人、为自己、让他人为自己、介绍他人开具数量或者金额不实的增值税专用发票；

（3）进行了实际经营活动，但让他人为自己代开增值税专用发票。"

虚开发票属于犯罪行为，《中华人民共和国刑法》（以下简称《刑法》）第二百零五条规定："虚开增值税专用发票或者虚开用于骗取出口退税、抵扣税款的其他发票的，处三年以下有期徒刑或者拘役，并处二万元以上二十万元以下罚金；虚开的税款数额较大或者有其他严重情节的，处三年以上十年以下有期徒刑，并处五万元以上五十万元以下罚金；虚开的税款数额巨大或者有其他特别严重情节的，处十年以上有期徒刑或者无期徒刑，并处五万元以上五十万元以下罚金或者没收财产。

单位犯本条规定之罪的，对单位判处罚金，并对其直接负责的主管人员和其他直接责任人员，处三年以下有期徒刑或者拘役；虚开的税款数额较大或者有其他严重情节的，处三年以上十年以下有期徒刑；虚开的税款数额巨大或者有其他特别严重情节的，处十年以上有期徒刑或者无期徒刑。

二百零五条之一规定，虚开本法第二百零五条规定以外的其他发票，情节严重的，处二年以下有期徒刑、拘役或者管制，并处罚金；情节特别严重的，处二年以上七年以下有期徒刑，并处罚金。

单位犯前款罪的，对单位判处罚金，并对其直接负责的主管人员和其他直接责任人员，依照前款的规定处罚。"

同时，《最高人民法院关于虚开增值税专用发票定罪量刑标准有关问题的通知》中规定："虚开的税款数额在五万元以上的，以虚开增值税专用发票罪处三年以下有期徒刑或者拘役，并处二万元以上二十万元以下罚金；虚开的税款数额在五十万元以上的，认定为刑法第二百零五条规定的'数额较大'；虚开的税款数额在二百五十万元以上的，认定为刑法第二百零五条规定的'数额巨大'"。

此外，《最高人民检察院、公安部关于公安机关管辖的刑事案件立案追诉标准的规定（二）的补充规定》第二条为：在《立案追诉标准（二）》中增加第六十一条之一：［虚开发票案（刑法第二百零五条之一）］虚开刑法第二百零五条规定以外的其他发票，涉嫌下列情形之一的，应予立案追诉：

（一）虚开发票一百份以上或者虚开金额累计在四十万元以上的；

（二）虽未达到上述数额标准，但五年内因虚开发票行为受过行政处罚二次以上，又虚开发票的；

（三）其他情节严重的情形。

以上法律条文表明了对虚开发票行为的处罚和量刑标准，为规避以上法律风险，创业者不可通过虚开发票的行为节税。要想解决缺进项票这一问题，创业者最需要做的就是税务筹划，通过合理的税务筹划手段增加进项票。

创业者需要规范发票管理。创业者可以对供应商进行重新布局，优先选择愿意开发票的供应商；进项票的来源广泛，创业者需要梳理进项票的来源，明确是在哪个环节出现了问题导致无法取得合理进项票；创业者还需要完善相关报销制度，明确有票才能报销。此外，创业者可以适当提高员工福利，例如以公司名义为员工提供旅行住宿、交通补贴等，将这些费用作为公司支出，减少公司所得税。

25 不核税、不报税或长期零申报有什么后果

一些创业者注册完公司后不知道如何保护和经营公司，也不知道每个月要记账报税，等被拉入异常名单后才惊觉：原来不经营并不等于不核税、不报税。

如果企业不核税、不报税，轻则被税务机关罚款，重则被列入税务异常名单，要恢复正常状态不仅要办理相关手续，还要缴纳滞纳金和罚款。记账报税是公司注册成立后每一个月都要做的工作，同时无论公司多小都需要做账，要保证账目齐全并依法报税。此外，与工商局、税务局等部门打交道，一定要符合其工作流程。

《中华人民共和国企业所得税法》（以下简称《企业所得税法》）第五十四条规定："企业所得税分月或者分季预缴。企业应当自月份或者季度终了之日起十五日内，向税务机关报送预缴企业所得税纳税申报表，预缴税款。

企业应当自年度终了之日起五个月内，向税务机关报送年度企业所得税纳税申报表，并汇算清缴，结清应缴应退税款。

企业在报送企业所得税纳税申报表时，应当按照规定附送财务会计报告和其他有关资料。"

企业需要按以上规定，按时核税、报税。即使企业在一定时期内没有业务，也要进行零申报。对于年销售额未超过国家规定标准的小规模纳税人来说，零申报需要填写增值税纳税申报表（小规模纳税人适用）。以季度申报为例，一个季度内未开发票报表自动生成零报，之后便可以提交数据。如果季度内缴纳了金税盘技术维护费，那么这个费用可以抵扣增值税税金。

对于年销售额超过国家规定标准的一般纳税人来说，零申报需要填写增值税纳税申报表（一般纳税人适用）。如果有进项税金且本期申报所属期已经认证通过，则需要填写一般纳税人报表二。本期未开发票报表自动生成零报，

之后便可以提交数据。如果本期内缴纳了金税盘技术维护费，那么这个费用可以抵扣增值税税金。

在财务报表申报方面，一般纳税人资产负债表不可以无数据，而小规模纳税人资产负债表、利润表、现金流量表能够无数据零申报；在个人所得税申报方面，小规模纳税人和一般纳税人都要每月按时进行个人所得税申报，一般而言，个人所得税申报需在每月 15 日前完成。

对于企业来说，零申报是十分重要的，但长期零申报也蕴含着巨大的风险。

（1）一般情况下，税务机关认定半年以上为长期，如果零申报超过了这一时限，企业就会被税务机关重点监控。税务机关会按照相关规定对企业进行纳税评估，如发现企业存在隐瞒收入、虚开发票等行为，则会要求其补缴税款与滞纳金，并按规定对其处以罚款。

（2）出于非正常原因，企业连续 3 个月或累计 6 个月零申报，不能被评为 A 级纳税人；如果企业提供虚假资料享受优惠政策，则会被评定为 D 级纳税人，承担 D 级纳税人后果。

（3）持有发票的纳税人长期零申报，不仅发票会降版降量，还要接受税务机关对于发票使用情况的核查，影响公司业务的开展。

因此，创业者需要正视零申报，不能为了不缴税而长期零申报，在有业务的时候，就需要进行税务申报。

26 大量营业收入未开发票，隐匿收入

一些企业为了少缴税款，往往在发生营业收入时不开发票，隐匿收入，这样的违法行为存在巨大风险。企业不仅要接受罚款处罚，严重的还要承担相应的刑事责任。

浙江省温岭市稽查局的检查人员曾发现某企业存在大量不开票销售收入，但该企业纳税申报表附表中，"未开具发票"一栏处填写的是"0"，"开具其他发票"一栏中对应收入也很少。

在调查过程中，企业负责人施某提供了个人账户的银行流水，表示有约 10 万元的汇入款项是企业未开票销售收入，其他收支均为自己和朋友间资金借贷往来。虽然施某对此进行了解释，但检查人员还是发现了对账单中的猫腻。经鉴定，施某提供的对账单是伪造的，上面加盖的业务章为假章，同时对账单的收支记录也不完整。

经调查，施某共隐匿收入 1353.7 万元，税务机关对此作出了补缴增值税 230.14 万元，加收滞纳金 87.96 万元，并处罚款 24.19 万元的决定；温岭市地税局也对此作出了补缴个人所得税 104.64 万元，加收滞纳金 69.7 万元的决定。

后温岭市人民检察院以伪造公司印章罪对施某提起公诉，公诉机关指控：

2014 年 9 月，被告人施某在本市大溪镇，通过街面上的小广告联系制假人员，制作了 5 张盖有中国农业银行温岭德明路支行业务办讫章的明细对账单，后施某将上述明细对账单提供给温岭市国家税务局。经鉴定，上述 5 张明细对账单上的业务办讫章均系伪造。

2016 年 10 月 18 日，被告人施某接民警电话通知后到温岭市公安局大溪镇派出所接受调查，并如实供述其涉案事实。

上述事实，被告人施某在开庭审理过程中亦无异议，并有证人朱某、谢某的证言，职务聘任通知，业务办讫章印件，伪造的明细对账单，营业执照，情况说明，税务稽查资料，文书检验鉴定书，被告人的户籍证明及侦查人员出具的到案经过证明等证据证实。

温岭市人民法院认为，被告人施某指使他人伪造公司印章，其行为已构成伪造公司印章罪。公诉机关起诉指控罪名成立。鉴于被告人施某归案后如实供述其犯罪事实，且当庭自愿认罪，确有悔罪表现，决定依法予以从轻处罚并适用缓刑。综上，依照 1997 年修订的《中华人民共和国刑法》第二百八十条第二款，《中华人民共和国刑法》第六十七条第三款，第七十二条第一款、第三款，第七十三条第二款、第三款之规定，判决如下：

被告人施某犯伪造公司印章罪，判处有期徒刑一年，缓刑二年。

在以上案例中，施某正是利用"未开票收入"来隐匿销售收入的，而这样做是违反相关法律法规的。

《中华人民共和国发票管理办法》（以下简称《发票管理办法》）第三十五条规定："违反本办法的规定，有下列情形之一的，由税务机关责令改正，可以处 1 万元以下的罚款；有违法所得的予以没收：

（一）应当开具而未开具发票，或者未按照规定的时限、顺序、栏目，全部联次一次性开具发票，或者未加盖发票专用章的；

（二）使用税控装置开具发票，未按期向主管税务机关报送开具发票的数据的；

（三）使用非税控电子器具开具发票，未将非税控电子器具使用的软件程序说明资料报主管税务机关备案，或者未按照规定保存、报送开具发票的数据的；

（四）拆本使用发票的；

（五）扩大发票使用范围的；

（六）以其他凭证代替发票使用的；

（七）跨规定区域开具发票的；

（八）未按照规定缴销发票的；

（九）未按照规定存放和保管发票的。"

第三十八条规定："私自印制、伪造、变造发票，非法制造发票防伪专用品，伪造发票监制章的，由税务机关没收违法所得，没收、销毁作案工具和非法物品，并处 1 万元以上 5 万元以下的罚款；情节严重的，并处 5 万元以上 50 万元以下的罚款；对印制发票的企业，可以并处吊销发票准印证；构成犯罪的，依法追究刑事责任。"

同时，《中华人民共和国发票管理办法实施细则》第二十六条规定："填开发票的单位和个人必须在发生经营业务确认营业收入时开具发票。未发生经营业务一律不准开具发票。"因此，企业应在纳税义务成立并确认营业收入时，向购买方开具增值税发票。对未按规定开具发票的，税务机关将依照发票管理办法相关规定进行处罚。

 "兼营"错用税率

某品牌推广公司属于一般纳税人，主要业务为化妆品店加盟。其业务流程为，向客户收取加盟费 30 万元，同时向加盟商销售 10 万元的化妆品。

该公司的财务人员在处理账务时错误地认为，收取加盟费属于销售服务，销售化妆品属于销售货物，因此该业务属于混合销售，应按照主业销售服务 6% 的税率缴纳增值税。增值税计算如下：

增值税 =（30+10）×6%=2.4 万元

但事实上，收取加盟费不属于销售服务，而是销售无形资产，因此该公司收取加盟费同时销售产品的行为不属于混合销售，而属于兼营行为，应分别按照不同税率核算。因此增值税的正确计算如下：

（1）收取加盟费的增值税 =30×6%=1.8 万元。

（2）销售化妆品的增值税 =10×13%=1.3 万元。

（3）合计增值税为 3.1 万元。

该公司的财务人员误把"兼营"当"混合"，使用了错误的税率，导致少计算了增值税，这样缴税就会使公司遭受处罚。

"兼营"是指纳税人发生了两项或两项以上的销售行为。企业适用的增值税税率和经营活动的实质相关，一个企业可能发生多种经营行为，适用多个税率。

《财政部　国家税务总局关于全面推开营业税改征增值税试点的通知》（财税〔2016〕36 号）附件 2《营业税改征增值税试点有关事项的规定》第一条第（一）项规定了兼营的税务处理："试点纳税人销售货物、加工修理修配劳务、服务、无形资产或者不动产适用不同税率或者征收率的，应当分别核算适用不同税率或者征收率的销售额，未分别核算销售额的，按照以下方法适用税率或者征收率：

（1）兼有不同税率的销售货物、加工修理修配劳务、服务、无形资产或

者不动产，从高适用税率；

（2）兼有不同征收率的销售货物、加工修理修配劳务、服务、无形资产或者不动产，从高适用征收率；

（3）兼有不同税率和征收率的销售货物、加工修理修配劳务、服务、无形资产或者不动产，从高适用税率。"

同时，财税〔2016〕36 号文件附件 1 后附的《销售服务、无形资产、不动产注释》规定："销售服务，是指提供交通运输服务、邮政服务、电信服务、建筑服务、金融服务、现代服务、生活服务。

销售无形资产，是指转让无形资产所有权或者使用权的业务活动。无形资产，是指不具实物形态，但能带来经济利益的资产，包括技术、商标、著作权、商誉、自然资源使用权和其他权益性无形资产。

其他权益性无形资产，包括基础设施资产经营权、公共事业特许权、配额、经营权（包括特许经营权、连锁经营权、其他经营权）、经销权、分销权、代理权、会员权、席位权、网络游戏虚拟道具、域名、名称权、肖像权、冠名权、转会费等。"

对于"兼营"这种情况，企业需要根据以上规定选择合适的税率，准确计算增值税额，避免企业因缴错增值税而遭受处罚的风险。

28 平价转让股权，税务局是否认可

平价转让股权存在哪些税务风险？涉税风险主要表现为企业所得税、个人所得税、印花税是否足额缴纳。如果企业未足额缴纳应缴税款，那么就存在税务风险。

2020 年 6 月，某市税务机关对辖区内进行股权转让的纳税人进行了核实，从核实情况来看，大多数企业都是通过平价转让的方式转让股权。那么这其中是否存在税务问题？税务机关对此进行了调查。

A 公司成立于 2010 年，实收资本 10000 万元。其中，股东 B 公司投资

4500 万元；股东 C 公司投资 5500 万元。

2019 年 9 月，B 公司将其在 A 公司所有股权原价转让给 D 公司。股权转让证明材料如下。

（1）B 公司与 D 公司签订股权转让协议，约定 B 公司以 4500 万元转让其拥有的 A 公司股权。

（2）A 公司同意 B 公司以货币形式将其所拥有的 A 公司股权转让给 D 公司。

（3）B 公司收到 4500 万元的转账支票；同时，B 公司与 D 公司完成股权变更手续。

在以上案例中，B 公司为什么可以评价转让股权？《财政部　国家税务总局关于企业重组业务企业所得税处理若干问题的通知》（以下简称《通知》）第四条第（三）项规定："企业股权收购、资产收购重组交易，相关交易应按以下规定处理：

（1）被收购方应确认股权、资产转让所得或损失。

（2）收购方取得股权或资产的计税基础应以公允价值为基础确定。

（3）被收购企业的相关所得税事项原则上保持不变。"

同时，《企业重组业务企业所得税管理办法》第十二条规定："企业发生《通知》第四条第（三）项规定的股权收购、资产收购重组业务，应准备以下相关资料，以备税务机关检查：（一）当事各方所签订的股权收购业务合同或协议；（二）相关股权公允价值的合法证据。"因此，B 公司应该提供股权公允价值的合法证据，表明平价转让的合法性，但是 B 公司并没有提供相应证明材料。

在这种情况下，税务机关对 A 公司 2019 年 9 月的净资产进行了核实。核实发现：A 公司 2019 年 9 月的资产为 23000 万元，负债 7000 万元，实收资本 10000 万元，累计未分配利润 2550 万元，盈余公积金 450 万元。在这种情况下，B 公司平价转让 A 公司股权存在避税嫌疑。

《企业所得税法》第四十七条规定："企业实施其他不具有合理商业目的的安排而减少其应纳税收入或者所得额的，税务机关有权按照合理方法调整。"《企业所得税法实施条例》指出，所谓不具有合理商业目的，是指以减少、免除或者推迟缴纳税款为主要目的。在上述案例中，B 公司无法证明股权平价转让的合理商业目的，存在避税嫌疑。最终，B 公司补缴税额 337 万元。

 29 合同随意作废，会增加缴税额度吗

为了保障劳动者的合法权益，《中华人民共和国劳动合同法》（以下简称《劳动合同法》）规定用人单位要依法与劳动者签订劳动合同。但是，有些创业者比较善变，喜欢轻易作废已签订的劳动合同，并重新签订劳动合同。殊不知，这种行为会增加公司税款的缴纳额，给公司带来更大的资金压力。

张鹏是一位资深的陶艺匠人，同时也是张氏陶艺店的掌柜。凡出自张鹏之手的陶器，都能赢得消费者的青睐。随着客流量的增多，张鹏一个人难以应付店内事务。所以，张鹏聘请了几位陶艺匠人，分担自己的工作。找到合适的陶艺匠人后，张鹏依法与他们签订了劳动合同，并向税务部门进行了申报。

然而，在经营一段时间之后，张鹏发现合同中有些条款不太合理。于是，他告诉员工："我发现之前签订的劳动合同存在不合理之处，为了保障大家的权益，我宣布之前签订的合同作废。所以，现在需要重新签订劳动合同。"在与员工重新签订劳动合同之后，张鹏又将重新签订的合同向税务部门进行了申报。

一个月下来，张鹏在盘算自己营业收入时，发现税务部门竟然向自己征收了两次印花税。张鹏感到不解，立刻到税务部门咨询。税务部门工作人员告诉他："由于你申报了两次劳动合同，因此，征收了两次印花税。"

印花税是保障劳动合同具有法律效力的税种，因此，当劳动合同作废之后，印花税也就失去了法律效力。如果再签订一次劳动合同，就需要重新缴纳印花税。创业者应从张鹏的经历中吸取教训，为了降低税费支出，切不可轻易将劳动合同等各种合同作废。

30　税务筹划真的可以节税吗

所谓税务筹划，就是指企业出于维护自身合法权益需要，在遵循现行法律法规基础上，为企业争取整体税负最小化以及利益最大化的行为。换句话说，税务筹划的目的就是为企业的经营、投资、筹资等活动节省税收。税务筹划真的可以节税吗？为什么有的企业进行了税务筹划，却收效甚微？合理的税务筹划是可以节税的，企业需要规避税务筹划的误区，同时规避税务筹划的风险，才能实现节税的目的。

当前大部分企业都会有意识地进行税务筹划，但由于企业对税务筹划理解不到位，或者对税务筹划存在很多误解，导致税务风险大幅度上升。要想做好税务筹划，企业需要规避税务筹划的误区。那么，税务筹划存在哪些误区呢？

误区一：混淆税务筹划和偷逃税两个不同的概念。

企业要想做好税务筹划，首先要明晰税务筹划的概念。企业需要在遵纪守法的前提下，对涉税相关业务进行一系列策划，选择科学合理的方式来缴纳税款。虽然税务筹划和偷逃税的最终目的都是降低企业税负，减轻企业的财务负担，但税务筹划具有合法性、可操作性，而偷漏税则是违法的。

误区二：只要是好会计，就一定懂税务筹划。

很多企业都会把税务过多归咎于会计人员不懂税务筹划，这是一种误解。由于企业的税是伴随业务过程产生的，而业务由合同决定，合同则是创业者签订的。由此可知，创业者是税务筹划的直接关系人。合同怎么签，业务如何做，与企业税收有着十分密切的联系。税务筹划是企业经济行为在税收结果产生前针对于降低税负所做的一系列规划以及调整，具有一定筹划性及过程性。倘若企业经济行为已经完成，税收结果已经产生，这时企业就不能再让财务通过做账来减少税金。

误区三：税务筹划等于节省税金。

很多创业者认为，税务筹划的目的就是为企业减轻税务负担，所以在筹划税务时只是一味追求降低税金，全然不考虑是否有风险，是否合法，很容易因小失大，陷入违法困境。

企业在进行税务筹划时需要规避以上三个误区，保证税务筹划的科学合理性、可操作性和合法性。

税务筹划是一把双刃剑，运用得好可以给企业带来一定利益，运用不好也会为企业增加风险。在当今市场经济环境多变、税收政策不断完善的环境下，如果企业缺乏风险意识，盲目进行税务筹划，不但达到实现节税的目的，还可能会使企业日常经营受到冲击，从而陷入经营困境。为此，企业需要了解税务筹划中可能存在的风险，并通过合适的方法规避风险。

税务筹划中可能存在以下风险。

1. 税收政策风险

税收政策风险主要指由于不能正确理解并合理利用税收法律法规，可能导致企业触犯相关法律法规，偏离税务筹划的预期结果，甚至陷入经营困境。市场经济是多变的，政府的相关政策会根据实际情况进行调整、完善，具有一定的不确定性、时效性，所以企业在做税务筹划时一定要关注最新政策。

2. 税务筹划的主观性风险

税务筹划的主观性风险主要有两个方面：一是企业对于现有税收政策的理解和认识存在偏差；二是企业对于税务筹划条件的认识和判断存在偏差。企业对于税收政策的主观判断是否正确，对税收筹划能否成功具有关键性影响。如果企业对税收、财务、法律等方面的相关政策与业务有深刻的理解认识，就会提高税务筹划成功的可能性。反之，不仅难以节税，还可能增加企业的税务风险。

3. 税务行政执法偏差风险

税务筹划只有得到税务相关行政部门的确认，才是合法的。但是在"确认"过程中，因为税务行政执法可能会出现偏差，所以企业会面临税务筹划失败的风险。造成税务行政执法偏差的原因十分复杂：首先，因为现行有关税收的法律法规不够成熟，给行政执法留有一定空间，可能增加企业在税务筹划活动中的风险。其次，税务行政执法人员素质不高，业务能力不强，没有树立起法制观念，导致税收政策在执行上出现偏差。最后，税务行政机关并没有设置专门的管理监督部门，致使我国税收行政执法缺乏透明性，导致企业税务筹划风险提升。

那么，企业针对上述风险时，该如何进行规避呢？

首先，企业应强化税收政策学习，树立起风险意识。

企业应强化对于现有税收政策的学习理解，做到深入、全面地认识一个地区或一个国家在税收方面的法律法规。只有这样，企业才能在税务筹划时提前预测可能会出现的风险，并据此做好规避方案。也只有这样，企业才能在多种纳税方案中挑选出对自己最有利的方案，进而保证所采取的税务筹划方案能够在合法的前提下收获最大利益。企业需要随时关注所属地区或者国家税收法律法规。只有这样，企业才能根据国家税收政策的变动，结合自身实际情况及时调整税务筹划方案，降低税务筹划风险，尽可能为企业增加效益。

其次，企业应加强与税务机关的联系，强化与税务机关的沟通。

企业开展税务筹划活动的最终目的是合法节税，要实现这一目标关键在于取得税务机关的认可。只有在税务机关认同、企业守法的前提下，税务筹划才能为企业带来实际利益。但现实情况却是，很多企业的税务筹划方案都是在法律边缘上运作，有些问题的界定并不清晰，很容易导致税务筹划人员错判。这时就需要企业正确理解税收政策，加强与税务机关的联系，以便能够随时知晓当地税务机关税收征管的特点以及具体方法，进而规范自己的行为，得到税务机关的认同以及指导。企业在经营过程中应该坚持诚信第一，诚心诚意地与税务机关进行沟通。

最后，提升企业税务筹划人员的工作能力和工作素质。

税务筹划成功与否，和企业税务筹划人员的主观判断密切相关。因此，企业税务筹划人员在实际工作中应该养成依据客观事实进行分析研判的能力，尽量避免主观判断。要做到这点，税务筹划人员除了需要在税收、财务、会计、法律等方面具有深厚的专业背景之外，还要具备良好的沟通协作能力和经济预测能力。

第 5 章

现金流风险：

一分钱难倒英雄汉，现金流放倒企业家

企业经营就是现金流循环的过程。现金流是企业的生命线，现金流一旦断裂，企业就会陷入困境。许多企业倒闭、破产都是因为现金流断裂，没有现金流的企业是无法生存的。没有完善的资金计划，创业者就会面临"一分钱难倒英雄汉"的境地。因此，在现金流管理方面必须做到防患于未然。

31 预期进账要保守算，预期出账要百分之百算

许多成功的创业者都相信一条真理：现金为王。不管从事什么行业，不管盈利如何，一旦现金用完了，企业就很难生存下去。一个成功的企业需要正向的现金流，每个月的银行账户里的收入至少要和支出相当。这是企业成长的每个阶段都需要掌控的事情。因此，创业者每天都要计算企业的现金流量，制作现金流量表以及现金流量预测表，以明确收支，提前规避风险。同时，在进行现金流量预测时，创业者要做到预期进账保守计算，预期出账按 100%算，使现金流量预测更加科学。

刘毅是一家互联网公司的总经理。2020 年 1 月，公司接到了一笔 100 万元的订单，为此，公司需要先支付 80 万元的成本。在收到客户支付的这 100万元之前，刘毅需要先支出 80 万元。然而，对于这笔开支，刘毅既没有明确现金流向，也没有进行现金流量预测，在支出这 80 万元后，客户突然要求调整方案，但此时刘毅公司的现金流已经不足，导致后续工作也难以开展。

由此可以看出，对于创业者来说，现金流向与现金流量预测十分重要，创业者在管理财务时，一定要注意这两个方面。

现金流向可以通过现金流量表进行管理。现金流量表可以客观地回答两个核心问题：一是现金流量的增减，公司的现金与上期相比是增加了还是减少了；二是现金的用途（流向），是用于经营、投资还是融资。通过现金流量表，创业者能够明确资金都用在什么地方，并从中分析哪些地方不该用这么多资金，哪些地方需要补充资金，从而节省开支，减轻企业现金流压力。现金流量表如表 5-1 所示。

表 5-1　现金流量表示例

项　　目	行　次	金　额
一、经营活动产生的现金流量		
销售商品、提供劳务收到的现金	1	
收到的税费返还	2	
收到的其他与经营活动有关的现金	3	
现金流入小计	4	
购买商品接受劳务支付的现金	5	
支付给职工的现金	6	
支付的各项税费	7	
支付的其他与经营活动有关的现金	8	
现金流出小计	9	
经营活动产生的现金流量净额	10	
二、投资活动产生的现金流量		
收回投资所收到的现金	11	
取得投资收益所收到的现金	12	
处置固定资产、无形资产和其他长期资产所收回的现金净额	13	
收到的其他与投资活动有关的现金	14	
现金流入小计	15	
购建固定资产、无形资产和其他长期资产所支付的现金	16	
投资所支付的现金	17	
支付的其他与投资活动有关的现金	18	
现金流出小计	19	
投资活动产生的现金流量净额	20	
三、筹资活动产生的现金流量		
吸收投资所收到的现金	21	
取得借款所收到的现金	22	
收到的其他与筹资活动有关的现金	23	
现金流入小计	24	
偿还债务所支付的现金	25	
分配股利、利润和偿付利息所支付的现金	26	
支付的其他与筹资活动有关的现金	27	
现金流出小计	28	
筹资活动产生的现金流量净额	29	

项　　目	行　次	金　额
四、汇率变动对现金的影响	30	
五、现金及现金等价物净增加额	31	
补充资料		
1. 将净利润调节为经营活动现金流量		
净利润	32	
加：计提的资产减值准备	33	
固定资产折旧	34	
无形资产摊销	35	
长期待摊费用摊销	36	
待摊费用减少（减：增加）	37	
预提费用增加（减：减少）	38	
处置固定资产、无形资产和其他长期资产的损失（减：收益）	39	
固定资产报废损失	40	
财务费用	41	
投资损失（减：收益）	42	
递延税款贷项（减：借项）	43	
存货的减少（减：增加）	44	
经营性应收项目的减少（减：增加）	45	
经营性应付项目的增加（减：减少）	46	
其他	47	
经营活动产生的现金流量净额	48	
2. 不涉及现金收支的投资和筹资活动		
债务转为资本	49	
一年内到期的可转换公司债券	50	
融资租入固定资产	51	
3. 现金及现金等价物净增加情况		
现金的期末余额	52	
减：现金的期初余额	53	
加：现金等价物的期末余额	54	
减：现金等价物的期初余额	55	
现金及现金等价物净增加额	56	

现金流量表是一个很好的分析工具，创业者可以据此分析企业的利润情况，了解企业的财务状况和财务管理状况，还可以据此进行现金流量预测。

为什么现金流量预测必不可少？现金流量预测能让创业者在现金流出现问题之前就发现潜在的危机，及时采取相应措施来规避风险，为创业者争取时间寻找解决方案，比如向银行贷款、寻找合伙人等，以此来缓解现金流压力。

要制作现金流量预测表，需要一些基本信息，包括企业的业务资金进出情况，每个月的定期支出，比如房租、工资等固定成本。创业者需要记录公司支出的每一分钱，必要的时候要核对最近的银行账单。

在填表之前，创业者需要将所有的账单进行分类组合，比如差旅费、人工费等，把它们输入到电子表格的支出部分。如果每个月的支出成本都一样，就可以把这个数字复制到剩下的每个月的支出成本一栏中，用于进行一整年的现金流量预测。如果每个月的支出成本都不一样，就输入预估的成本数据。在预估支出方面，创业者要考虑到企业的各项支出，将这种支出 100% 填写在支出部分。

除此之外，创业者还要估算每个月的收入数据。创业者要先把可以归于一类的数据放在一起，这有助于保持现金流量表的简洁、直观。创业者还要注意，这个数据不能脱离实际，要在现有业务基础上进行预测，并且这只是一个预估数据，可能会和未来一两个月从银行取出的实际资金数额不一样。对于预期收入，创业者要保守计算。

列完支出和收入后，就可以得到本月的现金存款余额，这个数字应该使银行报表与财务计划相匹配，通过对比就能发现账户上的错误。从现金流量预测表可以看出每个月是否有现金流量，以及它对创业者的银行账户有什么影响。除了制定月度现金流量预测表之外，创业者还可以根据业务进展情况、未来规划等制定未来几年的现金流量预测表。现金流量预测表如表 5-2 所示。

表 5-2　某公司未来 5 年现金流量预测表　　　　　　　　　　　　　万元

	2021 年	2022 年	2023 年	2024 年	2025 年
年销售量	6 万	10 万	20 万	35 万	60 万
一、现金流入	5932.48	9280.6	18560.85	22893.1	27957.35
自有资金	29				
银行贷款	1000.00		1000.00		1000.00
股权融资	1000.00	1000.00			

续表

	2021 年	2022 年	2023 年	2024 年	2025 年
销售流入	3600.00	7300.00	14550.00	18750.00	22000.00
——6 万回款	3600.00	1800.00	1800.00		
——10 万回款		5500.00	2750.00	2750.00	
——20 万回款			10000.00	5000.00	5000.00
——20 万回款				11000.00	5000.00
——20 万回款					11000.00
连锁加盟收入	0	60.00	98.00	128.00	144.00
增值服务收入	107.475	420.6	1312.85	1915.10	2413.35
广告收入	125.00	200.00	600.00	800.00	900.00
二、现金流出	5697.03	9671.94	15629.31	17009.21	16291.81
1. 生产材料	3819.72	6066.30	10687.00	10687.00	10687.00
2. 管理费用	360.00	400.00	500.00	500.00	500.00
3. 销售费用	420.00	450.00	600.00	600.00	600.00
4. 财务费用	54.00	54.00	54.00	54.00	54.00
5. 税金支出	1043.311	1701.64	3788.31	4168.21	4450.81
		1000.00		1000.00	
三、现金净流量	235.45	−391.34	2931.54	5883.89	11665.54
累计现金净流量	235.45	−155.88	2775.66	8659.55	20325.09

创业者需要每天记录支出和收入，每周更新现金流量预测表，定期进行总结。如果现金流量预测表显示企业的现金可能会在 180 天内透支，那么创业者至少还有足够的时间去寻找解决现金流不足问题的方法。

除了可以用于预测现金流，创业者还可以利用现金流量预测表预测不同的业务对现金流的影响。例如，主要客户 2 个月没有付款了，那么企业的现金流会受到什么影响？主要供应商要求提前付款，该怎么办？企业是否有足够的资金用于支付？现金流量预测表还能直观地展现企业的未来营收，让创业者可以全面检测企业的运营状况。

过度赊销，资金都变成了应收账款

应收账款是指企业提供产品或服务后，应向接受产品或服务的合作方收取的款项。为保证应收账款能及时到账，双方会约定一个还款日期。合作方应在约定时间内付款，企业则需要在同一时间内对款项进行核算，然后确认收款。

应收账款是购买方占用销售方资金的一种形式，而一个公司的发展离不开资金这一前提。事实上，目前很多公司都存在着信用销售的情况，也不可避免地形成了大量的应收账款。大量的应收账款会导致公司现金流不足，甚至引发经营危机。

某电子公司成立于 2000 年，经营范围非常广，包括电视、空调、电子医疗产品等。经过多年发展，公司规模越来越大。2016 年以来，该公司的应收账款迅速增加，突破 10 亿元，占资产总额的 20%，同时应收账款周转率也在不断下降。

2019 年 9 月，为了扩大市场份额，该公司决定与 A 公司达成合作，委托 A 公司进行产品销售。而 A 公司资金实力较弱，只能以赊销方式进货。双方达成合作后，该公司又多了一笔应收账款。

截至 2019 年 12 月，该公司应收 A 公司账款 2 亿元，而根据该公司对 A 公司资产的估算，能收回的资金只有 1 亿元左右。最终，这笔应收账款并没有按期收回，而这直接导致了该公司的经营危机。

为应对激烈的市场竞争，扩大市场占有率，企业对销售商进行赊销是常见的做法。但赊销应适度，过度赊销极易引发经营危机。

为了避免资金都变为应收账款，企业需要做好以下两个方面工作。一方面，企业应对合作方进行背景调查，了解对方的资金实力、信用情况，以及双方以往的合作记录等。如对方资金实力较弱，信用情况不佳，那么赊销就存在极大风险。另一方面，企业需要做好应收账款的管理。在与合作方签订赊销合同时，应明确双方的责任和义务，约定还款期限和违约责任。这样即使对方违约，企业在维权时也有据可依。同时在对赊销合同进行管理时，企业需要时刻关注对方的还款期限，积极追讨账款。

33 乱用财务杠杆，长时间过度负债

在缺乏创业资金的情况下，一些创业者可能会通过杠杆运营的方式经营公司，即通过借贷的方式获得经营资金。这的确能够为公司解决资金问题，但是创业者同样要注意适度使用杠杆，高杠杆运营将会加大运营风险，并且一旦风险发生，将会对公司造成巨大打击。

周阳一直有一个创业梦，虽然手中的资金不足，但他还是成立了自己的公司。为了公司发展，周阳在自己现有 100 万元的基础上向金融机构贷款 200 万元。

除了租赁公司场地、招聘员工等花销外，周阳将大部分钱用在了购买机器设备方面。之后，为获得公司运营的流动资金，他又向金融机构抵押了所购买的机器设备，获得了 300 万元贷款。

此时，周阳的公司虽然能够正常运转，但也欠下了 500 万元债务，需要定期偿还两次贷款的利息。一段时间后，因为公司产品出现问题，导致公司的一个大客户终止合作，这不仅使公司遭受了损失，也失去了一大笔收入。在一系列压力下，公司现金流断裂，难以运营，最终走向破产。周阳不仅遭受了创业失败的痛苦，还背上了巨额债务。

在上述案例中，周阳只有 100 万元启动资金，却先后借贷了 500 万元，远远超出了他能够偿还的范围，这样的高杠杆运营使得公司承受风险的能力非常弱，一旦经营出现问题，就可能会对公司造成巨大打击。

创业者在经营公司过程中，为了获得更好的经营业绩，往往会运用一定的杠杆，甚至会选择高杠杆运营。但创业者需要明白，高杠杆运营意味着高风险。如果公司有较高的杠杆比例，那么就会有较多的有息负债，这些负债是需要还本付息的，如果公司的经营效益差，就会面临非常大的资金压力，甚至无法按时还本付息而造成违约。

同时，在高杠杆运营过程中，创业者往往会根据不同贷款的还款期限和公司的预计收入等制订还款计划。如果产生了某些突发事件，如预计的收入没有到账、出现计划外支出等，就会打乱还款节奏，导致公司的现金流出现问题，公司的运营出现危机。而如果公司账上现金无法偿还一方的负债，就会产生连锁反应，导致其他债权人也会要求提前还款，在种种压力下，公司即可能面临破产清算。

因此，为避免高杠杆运营带来的风险，创业者应控制借贷数额，并分析公司的利润能否正常偿还按期支付的本金和利息。如果公司的利润能够正常偿还按期支付的本金和利息，说明杠杆的运用对于公司来说是有利的；如果公司的利润难以偿还按期支付的本金和利息，则说明杠杆的运用对公司来说是有危害的，这时创业者就需要削减成本开支，以降低公司经营风险。

 34 大量库存积压，闲置资源未有效利用

大量库存积压会导致企业资金被占用，同时闲置资源未有效利用也会造成资源浪费，影响公司的良好发展。对此，企业需要分析库存积压的原因，并提出有效解决措施。

一些企业因为采购计划不合理，重复采购造成库存积压，部分物资甚至因超过有效保存期而报废，给企业造成损失。为避免这一问题，企业就要制定完善的采购制度，对入库物资做好记录，一旦发现重复采购的情况就要及时处理。

同时，很多企业是由于物资采购批量过大、集中到货导致的库存积压。例如，对于一些项目公司来说，为不耽误项目进度，公司往往会提前订购项目所需物资，这些物资会集中到货。而在项目施工阶段，因为设计变更或项目计划调整等原因，可能会造成已经采购的大量物资得不到利用，造成库存积压。同时，为了保证项目顺利完工，公司又会根据变更计划重新订货，使库存积压情况更为严重。

为规避以上风险，企业需要对仓库中的物资进行生命周期跟踪，保持合理的、安全的库存数量，这既能够满足生产，又能够提高资金利用效率。在具体操作上，企业可以进行批量订货，合理确定进货次数和进货量。这样，当企业的需求发生变化时，就可以灵活调整采购方案，避免库存积压。

35 内部管控不规范，资金收取不及时

企业经营是为了获得收益，但很多企业由于内部管控不规范，资金收取并不及时，导致了大量的应收账款甚至坏账，这往往会造成企业的现金流风险。

首先，资金收取不及时会降低资金的使用效率，导致企业效益下降。

其次，资金收不回来容易造成虚假的经营成果。企业进行赊销形成了企业的收入，增加了企业的利润，也扩大了企业的经营成果。但事实上，这笔收入企业并没有收到，而是形成了应收账款。一旦应收账款难以追回形成坏账，企业的利润就会急剧下降。这时之前企业计算的利润就是不真实的，夸大了企业的经营成果。

再次，资金收不回来会加速现金的流出。企业进行交易获得收入之后就需要依法缴税，即使资金暂时收不回来，也要缴纳各种税金。这时，企业整体的现金流出就会大大增加。

最后，资金收取不及时会增加应收账款管理过程中出错的概率，给企业造成损失。资金收取不及时，应收账款拖得越久，风险越大，越容易造成坏账。

为规避以上风险，企业最好在交易形成时收取资金，如果是赊销，就要做好应收账款的管理，及时在约定还款期限催收并确认收款。

规模扩张过快，营运资金不足

资深 IT 工作者赵健从自己之前就职的公司辞职之后，创办了自己的互联网公司。经过两年左右的发展，公司经营逐渐趋于稳定，效益十分不错。为了抓住时机推动公司快速发展，赵健决定扩张公司规模，于是他通过银行贷款筹集了资金，又找好了场地准备开设分公司。

分公司成立后，公司规模扩大，业务也变得越来越复杂。赵健十分关注市场动态，每当市场中出现了新的热点，他都要开设新的业务，以求把握先机。但还没等到赵健收获公司扩张的喜悦，风险就先一步来了。由于赵健在公司扩张过程中投入了过多的资金，导致公司陷入运转困境。无奈之下，赵健又通过民间借贷机构获得了一笔资金，但直到账上的钱花完，公司也没有挺过这次危机。最终，赵健只得申请破产保护。

很多公司陷入经营危机都是因为现金流出现了问题，现金流一旦断裂，公司只能倒闭。公司的运作必然离不开资金，负债、产品、支出、人工等都需要资金，资金的流动支撑着公司的发展。为避免公司因运营资金不足而破产，创业者需要了解一个概念——公司的 180 天生存线。

什么是公司的 180 天生存线？简单来说，就是公司现有的能使用的现金流量能满足公司不少于 180 天的运营，这 180 天不是上限，而是底线。这条线就是一道用于提醒创业者的黄线，一旦触碰到这条线，创业者就要提高警惕。

2019 年 1 月，四川一家纸业公司因资金链断裂而倒闭，拖欠员工 3 个月的工资，导致工人罢工堵门讨要工资，供应商也堵到公司门口。据供应商反映，这家纸业公司倒闭是因为欠了 1.9 亿元外债，法人挪用资金投资了某高速公路的建设，造成公司现金流断裂。

无独有偶，依旧是 2019 年 1 月，杭州一家包装制品公司老板"失联"，工厂陷入停产状态。据知情人士透露，该厂前段时间就出现过主要原材料缺货的情况。工厂停产、老板"失联",是由于老板前期大肆扩张公司业务,结果资金未能在预期时间内回流,从而导致公司现金流断裂。

纸业公司是将公司正常运作的资金挪为他用,而包装制品公司则是无度扩张导致资金链断裂。这两个案例表明,不论什么时候,不论创业者有什么样的野心,都一定要为公司保留 180 天的现金流,这是公司的生存线。

有了这 180 天的缓冲期,即使公司面临资金危机,创业者也有时间去寻求融资或合作伙伴,有机会把公司救活,而不是在面对危机时毫无招架之力。

公司需要现金流来保持顺畅运行,现金流是保证公司生存的前提条件。当公司面临 180 天生存线的时候,创业者就要开源节流,减少支出,无论是裁员还是寻找合伙人,都要以保证公司能活下来为目的。

 # 37 营运资金被长期占用,短期内不能形成收益

企业的营运资金被长期占用,短期内不能形成收益,就会导致企业流动性资金不足,极大地增加运营风险,一旦企业遭遇打击,极有可能导致资金链断裂。

很多企业习惯于"短资长用"或"短债长用",运用杠杆效应,利用银行短期借款购置企业长期资产。这虽然能够在一定程度上满足企业发展的资金需求,但会造成企业偿债能力下降,极易引发现金流危机。某家在市场中昙花一现的连锁超市就失败于此。

该连锁超市在成立后的 8 年内开设了近 50 家分店,迅速发展为中国最大的零售商之一。大规模的扩张需要大量的资金支持,该连锁超市的核心模式是利用银行贷款开新店扩张,通过供货商赊销经营,通过各分店间的现金调配平衡现金流。这种高速增长的模式看似完美,却蕴含着巨大的现金流危机,其资金链越来越紧绷。终于,当某银行收回一笔 2 亿元的贷款时,该连锁超市的各地门店也像多米诺骨牌一样纷纷倒闭。

要想规避企业发展过程中的运营风险,创业者不仅要保证企业账户上有足够的现金流,也要保证现金流的灵活性、流动性,以增加企业抵御风险的

能力。在这方面，创业者需要了解一个概念——现金循环周期。

现金循环周期指的是企业在经营中从支出现金到获得现金所需的平均时间，其计算公式如下：

现金循环周期＝应收账款周转天数＋存货周转天数－应付账款周转天数

＝营业周期－应付账款周转天数

企业的生产经营从采购原材料开始，到收回销售款结束，现金循环周期就是从现金支出到现金收回的这个时间段。现金循环周期反映了企业现金周转的速度，也反映了企业的短期资金需求情况。

在实际中，企业原材料往往都是赊购来的，也就是先收货后再付款，这时就会产生应付账款。同时企业生产的产品也是赊销出去的，会产生应收账款。

影响现金循环周期的因素有应收账款周转天数、存货周转天数和应付账款周转天数。存货周转天数、应收账款周转天数越短，说明生产销售回笼资金的时间越短，企业的流动性储备越充足，资金需求越低。应付账款周转天数越长，说明延迟支付的货款账期越长，现金流出的速度越慢，资金的需求越低。企业通过对上述三个因素的调节（提高存货周转效率、应收账款周转效率，降低应付账款周转率），可以有效提高现金使用效率。

当存货周转天数加上应收账款周转天数等于应付账款周转天数时，企业就无须投入资金，先赊购原材料，然后通过生产销售回笼资金，再支付原材料货款，只要企业不亏本，那么企业的经营资金投入就可以是零。

在企业经营过程中，创业者需要对现金循环周期引起足够的重视，分析到底是哪个环节出现问题导致现金循环周期过长，运营资金在哪些方面被长期占用，并据此进行优化。

38 企业多方投资，财务状况不稳定

除了经营活动之外，许多企业还会利用部分盈利资金进行投资，如购买债券、股票，或向其他企业以无形资产、实物、货币资金等形式投资。这些投资都必须适度，否则同样会给企业带来财务风险。

例如，某企业经过多年发展，已具备较为雄厚的实力。为增加企业利润，该企业购买了不少股票，同时对多家创业公司进行了投资。但一段时间过后，该企业的经营出现了问题，急需大量资金支持，而企业账上的资金大部分用于投资，导致企业现金流不足，企业陷入被动。

为了保障稳定发展，企业必须加强对投资活动的风险控制。在开展投资活动时，企业应遵循以下原则，如图 5-1 所示。

1．整体性原则

企业的经济活动包括筹资活动、经营活动、投资活动，在进行投资决策时，企业应保证投资活动符合企业整体发展战略，充分考虑企业的财务状况。

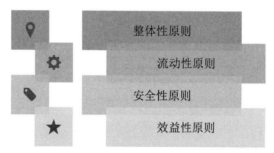

图 5-1　开展投资活动应遵循的原则

2．流动性原则

无论怎样的投资活动，都应在企业有足够闲置资金的基础上进行。同时，企业应对所投资的项目进行调查，确保项目有良好的变现能力。这样当投资发生意外时，企业不至于落入被动的境地。

3．安全性原则

企业进行任何投资活动都会面临不同程度的风险。因此，企业必须做好投资风险的规避。在决定投资之前，企业需要权衡投资回报和风险，结合企业的风险承受能力，做出有利于企业的决策。

4．效益性原则

企业在投资前必然会考虑到效益问题，同时要考虑回收问题。企业投资获得的效益不只有经济效益，还包括投资对企业经营发展的影响。

除了掌握以上原则外，企业还要加强对投资风险的管理。具体而言，企业应建立规范的投资决策机制，保证投资决策的正确性和谨慎性，避免企业创始人投资决策的随意性。

首先，企业需要避免可控风险的发生，严格规范项目投资程序。提出拟定投资方案、分析并研判可能风险、确定最优方案与投资计划、进行企业资金调配的可行性分析等环节，建议按照规定的投资程序进行。其次，投资决策标准不能死板僵化。企业需要时刻关注企业主业的经营状况和市场形势，在实施投资方案时，要以企业整体利润最大化目标为导向，必要时适当优化对外的投资方案。例如当企业资金流动性变弱时，就要选择变现性强的投资项目，以降低投资风险。

第 6 章

借贷担保风险：
别让好心担保变成替人还债

在企业经营过程中，创业者进行借贷融资或为他人做担保是常有的事。创业者必须了解借贷担保风险，别让好心担保变成替人还债。借贷担保的风险表现在许多方面：为他人做担保可能会引发连带风险，融资过度可能会引发企业经营风险，遭遇套路贷可能会使企业深陷危机等。创业者需要了解借贷担保的诸多风险，并谨慎防范风险。

做贷款担保人承担什么风险

一些创业者可能会受朋友、合作方的委托做其贷款担保人。对此，创业者需要保持谨慎，了解做贷款担保人需要承担的风险。

《民法典》第六百八十一条规定："保证合同是为保障债权的实现，保证人和债权人约定，当债务人不履行到期债务或者发生当事人约定的情形时，保证人履行债务或者承担责任的合同。"

第六百八十八条规定："当事人在保证合同中约定保证人和债务人对债务承担连带责任的，为连带责任保证。

连带责任保证的债务人不履行到期债务或者发生当事人约定的情形时，债权人可以请求债务人履行债务，也可以请求保证人在其保证范围内承担保证责任。"

由以上法律条款可知，创业者作为贷款担保人签订保证合同要承担一定的担保风险。

同时，《民法典》第三百九十二条规定："被担保的债权既有物的担保又有人的担保的，债务人不履行到期债务或者发生当事人约定的实现担保物权的情形，债权人应当按照约定实现债权；没有约定或者约定不明确，债务人自己提供物的担保的，债权人应当先就该物的担保实现债权；第三人提供物的担保的，债权人可以就物的担保实现债权，也可以请求保证人承担保证责任。提供担保的第三人承担担保责任后，有权向债务人追偿。"

上述条款表明，如果债务人未按时还款，担保人需要承担责任。如果担保人在签订保证合同时约定了在债务人不能还款的情况下，自己才需要还款，则承担一般保证责任，担保人在债务人无力还款的情况下才需要承担责任；如果担保人在签订担保合同时没有做任何约定，则承担连带责任保证，债权人有权要求债务人或担保人承担责任。担保人在还款后，可以向债务人追偿。

虽然在债务人不能清偿债务时，担保人才承担偿还责任，但担保人仍承担一定的法律责任，是具有法律风险的。因此在为他人做担保前，创业者需要考虑自己能否承担责任，以免给自己的工作和生活带来麻烦。

40 为其他企业担保，引发连带风险

为他人做担保是很多创业者都会遇到的问题，例如生意上的合作伙伴因资金困难需要借贷时，往往会请创业者为其做担保，而其中的一些创业者出于对两人交情的考虑，会盲目地同意为其做担保，结果使自己背上债务，甚至被列入失信人员名单，为公司经营带来巨大风险。

创业者丁亮创立了一家建筑工程公司，经过两年多发展，公司运营逐渐稳定。这天，他的一位合作伙伴，另一家建筑工程公司的管理者罗军找到了他。罗军的公司因生产周转困难，打算向王明借款 60 万元用于生产经营，同时请丁亮为其做担保。

罗军表示，他和王明签订的借款合同约定月利率 2%，借款期限为 2019 年 11 月 6 日至 2020 年 2 月 5 日，在这 3 个月期间，罗军会每月向丁亮支付 2 万元作为担保回报。丁亮为了赚取 6 万元担保费用，以自己的房屋作抵押为罗军提供了担保，与王明签订了保证合同。同时，丁亮还和王明签订了抵押合同，并在政府相关部门办理了房屋抵押登记。

谁知 3 个月后，罗军下落不明，其公司也被列入不良企业名录。王明一纸诉状将罗军及担保人丁亮告上法庭。经过法院审理，判决罗军即日起 15 天内偿还王明的借款本金及 2019 年 11 月 6 日至判决生效之日的利息，同时担保人丁亮对以上借款本金及利息具有连带赔偿责任。

这就意味着，如果罗军不能履行债务，负有连带责任的丁亮需要以抵押担保的房屋偿还债务。如果丁亮拒不偿还，还会被列入失信人员名单，对个人工作生活以及公司运营来说都是极为不利的。

这个案例告诉我们，当创业者遇到他人请求自己为其借贷做担保时，一定要仔细考虑担保的风险。在为他人做担保之前，创业者也要对借贷双方做一个详细调查，如果借款人的信誉并不好，就不能盲目同意。规避为他人做担保的风险，才能避免自己遭受损失、影响信誉，从而保证公司的正常运营。

41 融资过度，小企业也许是"撑"死的

对于一些企业而言，融资是其经营中的一大难点，许多企业都曾遭遇过贷款难题或融资难题。与此相对的，企业过度融资的风险也不容忽视。现实中，许多创业型企业或小企业不是因为资金缺乏"饿"死的，而是一时无法有效管理融资而"撑"死的。

企业过度融资表现在两个方面：一是融资超过企业实际承受能力，二是融资超过企业实际需求。例如，许多企业在不同的银行进行债权融资，同时也会寻找创投机构进行股权融资，甚至除了在本地融资外，还会利用企业业务或市场布局在异地融资，多方融资的最终结果是融资额度远远超过其实际资金需求。

过度融资可能会引发企业的经营风险，包括增加了不必要融资成本的财务风险，面临超预期可支配资金后管理失控的风险等。在融资金额符合企业发展需求的情况下，企业做任何决策都比较慎重，资金使用率也比较高。而如果企业过度融资，在过多可支配资金的刺激下，企业可能会无度扩张或进行高风险投资，这都会加大企业经营的风险。

某贸易企业经营势头良好，在本地及异地的 8 家银行都进行了贷款融资，导致企业资金"消化不良"。为消化这些资金，该贸易企业在多地成立了分公司，业务规模进一步扩大。但在随后的经营过程中，企业规模在短时间内急剧扩张引发了经营危机，使企业遭受了巨大损失。

在过度融资情况下，创业者反而可能会做出不合理的经营决策，同时支

付了更多的贷款利息。因此在融资之前，企业需要分析自己的融资需求及资金承受能力，做出科学决策。

 缺钱宁可压规模，警惕融资陷阱，莫碰套路贷

当公司资金周转遇到困难时，创业者往往会通过借贷的方式补充现金流，实现公司正常运转。但现实中，多数创业者不熟悉银行或类银行机构的借贷规范。若创业者选择了某些不靠谱的民间借贷公司，那么就极有可能掉入包括"套路贷"在内的多种融资陷阱。

创业者贺超经营着一家小型服装公司。2019 年 8 月，公司周转遇到困难，经中介介绍，他认识了某借贷公司老板吴建，对方表示可以借给他 5 万元，一个月的利息是 1 万元，贺超答应了。

双方签订合同时，合同金额标注的是 8 万元，并注明违约金比例为每天 20%。这 8 万元中，贺超实际借到的只有 5 万元，剩下的 3 万元包括中介费、保证金和提前扣掉的利息。

一个月后，贺超没有及时偿还 8 万元欠款，需要按照合同中规定多支付几万元。这些欠款加在一起，贺超的债务突破了 10 万元。为了偿还欠款，贺超又先后向吴建借了几次款。随着借款越来越多，贺超要付的利息也越来越多，利息和违约金不断叠加，贺超的欠债越积越多。最后，贺超只得变卖公司，偿还了 100 万元欠款。

上述案例中，贺超原本只是想借钱周转资金，却陷入了"高利贷""套路贷"陷阱，借款仅 5 万元，却在短短一段时间后变为 100 万元，最终为了偿还债务而变卖公司。

"高利贷""套路贷"往往是经过适度包装的以借贷为名的非法牟利的犯罪活动。一些风险防范意识较差、缺乏融资渠道又急于用钱的创业者很容易被这些套路所欺骗。"套路贷"的合同往往会规定多种违约赔偿条款，并在合同期间故意制造违约、强行认定违约等，以此让创业者背上更多的债务。

例如，曾有"高利贷"产品包装设计成为约定期限内无须支付利息的无息贷款、创业贷款，这很容易让一些创业者被吸引，签下贷款合同，却不知其中无息是真的，但可能有高昂的违约金和高昂的超期罚息等。一旦创业者不能及时还款，就陷入了"套路贷"陷阱。

如何防范这种风险？首先，创业者不可轻信陌生人推荐的无息贷款，也不要向陌生人透露自己的身份信息；其次，在资金紧缺时，创业者要选择正规金融机构借贷，同时在签订借贷合同时，要分析合同中是否存在不合理的"霸王条款"；最后，与他人的金钱往来，一定要留有凭证，以便之后查询。在签订房屋买卖合同、抵押合同时，也一定要慎重，同时到政府相关部门办理抵押登记。

总之，在遇到借贷问题时，创业者必须要慎之又慎，谨慎识别借贷风险，警惕融资陷阱，规避"套路贷"。

43 714 高炮，高利贷的另一种形式

714 高炮指的是期限为 7 天或 14 天的高利息贷款，其中"高炮"指的是高额的"砍头息"和逾期费用。714 高炮的年化利率往往超过 1500%。

提供 714 高炮贷款业务的平台往往以砍头息、滞纳金等形式，先扣取借款的 20%~30%。如果超过还款期限，借款人就要在归还本金的基础上，赔付高额的逾期费用，每天几十元到几百元不等。

2020 年 4 月，赵杰的公司陷入经营危机。由于缺少抵押物，赵杰难以通过银行等金融机构获得贷款。在巨大的压力下，赵杰向某 714 高炮平台借贷 10 万元。扣除砍头息、手续费等费用之后，赵杰实际获得的贷款不到 8 万元。

14 天之后，公司运营状况没有好转，赵杰也无法按时还款。在平台的建

议下，赵杰又借贷了一笔钱用于偿还之前的贷款和利息。就这样，赵杰被迫开始了以贷养贷的生活，直到一个月后，他在该平台的贷款滚成了 100 余万元。在这期间，赵杰的公司终因现金流断裂破产，他本人的生活也再无宁日。

创业者必须警惕借贷过程中的种种风险。一些借贷平台以"无须审核""放贷快"等为噱头，吸引走投无路的人们借贷，但这样的选择只会让借贷者的生活陷入更大的困境。因此，创业者必须规划好资金，在确有借贷需求时，创业者必须通过合法途径，向银行等正规金融机构贷款，切不可超过个人能力或超企业实际融资借贷。

44 警惕借贷、现金流断裂、失信风险 "三连击"

在公司经营过程中存在众多重大风险，同时诸多不同的风险之间也有着紧密的关联。很多时候，如果创业者遭遇一项重大风险，往往也会遭遇由这一风险引起的其他风险，在系列风险连锁反应打击下，创业者极有可能会遭遇重大亏损，甚至走向破产。

周子健是一家互联网公司的创业者。周子健利用向金融机构借贷的 40 万元，加上手中本来有的 20 万元资金，成立了这家互联网公司。

在两年时间里，公司的发展一直不好不坏。定期支付金融机构的本金和利息与各种收入相抵后，周子健获得的收益并不多，没能为公司储备足够的现金流，这为公司发展埋下了隐患。

后来，随着市场竞争日益激烈，公司经营日益艰难，资金周转困难成了阻碍公司发展的重要问题。为了维持公司发展，周子健经中介介绍，向某民间借贷机构借了 10 万元。

虽然借贷合同上标注的是借款 10 万元，但扣除各种费用后，周子健拿到手的只有 6 万元。贷款分为 24 期，每 10 天为一期，每期需还款 6000 元，总共要还 14.4 万元。

钱是借到了，但公司并没有摆脱困境。虽然投入了一些钱，但公司的发展还是不见起色。在苦苦支撑了一段时间后，现金流断裂，公司陷入瘫痪状态。

而此时，周子健依旧要按期支付金融机构和民间借贷机构的借款。了解到周子健的公司即将破产，民间借贷机构的催收手段也越来越暴力。面对各种胁迫，周子健最终变卖了自己的汽车偿还了民间借贷机构的借款。之后，周子健因无力偿还金融机构的贷款被列入失信人名单，公司破产。

对于创业者来说，借贷风险、现金流断裂风险和失信风险都是创业过程中的重大风险，并且这三种风险往往是相伴而行的，很少有创业者能够承受这样的"三连击"。为此，在经营公司过程中，创业者要做好重大风险管理，合理规避风险。

第 7 章

合伙风险：

合伙人需懂得保护自己的"奶酪"

创业者在和伙伴共同创业时，创业的激情会掩盖理性的安排，从而忽视许多因合伙或公司注册而引起的风险，如未签合伙协议或股东投资协议，出资认证不清晰，职责权利划分不清晰，注册股东过多或过少，未约定管理制度，未约定退出机制等。一旦风险发生，创业者不仅会损失金钱，甚至会失去公司的控制权。

45 未签合伙协议酿苦果

刘健与张航共同创办了一家互联网公司，双方口头约定刘健出资 30 万元，张航出资 20 万元。由于张航暂时资金紧张，两人又约定张航先出资 10 万元，剩余 10 万元 3 个月之后再支付。

之后两人花费 20 余万元租赁了场地，购买了设备，招聘了员工，并开始接一些简单的业务。3 个月后，公司效益没有太大增长，投入的钱却越来越多。为了缓解公司的运营压力，刘健要求张航按约定支付剩余的 10 万元，而张航却拒绝了这一要求，表示自己要退出合作，并要求刘健支付自己的损失。刘健自然不同意，与张航争吵了起来，但当初双方没有签订合伙协议，刘健无法强制要求张航支付资金。最终双方不欢而散，公司也走向破产。由于张航的爽约，刘健承担了更大的经济损失。

创业者与合伙人共同创业时，一定要就谈好的内容签订书面合伙协议或股东投资协议，细致地明确各方的责任。合伙协议是公司（企业）对协议 / 合同的订立、当事人的权利义务关系、协议的履行等问题提供法律依据的凭证。合伙协议模板如表 7-1 所示。

表 7-1 合伙协议模板

合伙人：
姓名：_____，性别：_____，年龄：_____，住址：_____
（其他合伙人按上列项目顺序填写）
第一条　合伙宗旨：_____
第二条　合伙经营项目和范围：_____
第三条　合伙期限
合伙期限为_____年,自_____年_____月_____日起,至_____年_____月_____日止。
第四条　出资额、方式、期限
1.合伙人_____（姓名）以_____方式出资，计人民币_____元。
（其他合伙人按顺序依次列出）

续表

2. 本合伙出资共计人民币_____元。合伙期间各合伙人的出资为共有财产，不得随意请求分割，合伙终止后，各合伙人的出资仍为个人所有，到时予以返还。

第五条 盈余分配与债务承担

1. 盈余分配：以_____为依据，按比例分配。

2. 债务承担：合伙债务先由合伙财产偿还，合伙财产不足清偿时，以各合伙人的_____为据，按比例承担。

第六条 入伙、退伙、出资的转让

1. 入伙：（1）须承认本协议；（2）须经全体合伙人同意；（3）执行协议规定的权利义务。

2. 退伙：（1）需要有正当理由方可退伙；（2）不得在合伙不利时退伙；（3）退伙须提前_____个月告知其他合伙人并经全体合伙人同意；（4）退伙后以退伙时的财产状况进行结算，不论以何种方式出资，均以金钱结算；（5）未经合伙人同意而自行退伙给合伙造成损失的，应进行赔偿。

3. 出资的转让：允许合伙人转让自己的出资。转让时其他合伙人有优先受让权，如转让合伙人以外的第三人，第三人按入伙对待，否则以退伙对待转让人。

第七条 合伙负责人及其他合伙人的权利

1. _____为合伙负责人，其权利：（1）对外开展业务，订立合同；（2）对合伙事业进行日常管理；（3）出售合伙的产品（货物）、购进常用货物；（4）支付合伙债务。

2. 其他合伙人的权利：（1）参与合伙事业的管理；（2）听取合伙负责人开展业务情况的报告；（3）检查合伙账册及经营情况；（4）共同决定合伙重大事项。

第八条 禁止行为

1. 未经全体合伙人同意，禁止任何合伙人私自以合伙名义进行业务活动；如其业务获得利益归合伙，造成损失按实际损失赔偿。

2. 禁止合伙人经营与合伙竞争的业务。

3. 禁止合伙人再加入其他合伙。

4. 禁止合伙人与本合伙签订合同。

5. 如合伙人违反上述各条，应按合伙实际损失赔偿。劝阻不听者可由全体合伙人决定除名。

第九条 合伙的终止及终止后的事项

1. 合伙因以下事由之一得终止：（1）合伙期届满；（2）全体合伙人同意终止合伙关系；（3）合伙事业完成或不能完成；（4）合伙事业违反法律被撤销；（5）法院根据有关当事人请求判决解散。

2. 合伙终止后的事项：（1）即行推举清算人，并邀请中间人（或公证员）参与清算；（2）清算后如有盈余，则按收取债权、清偿债务、返还出资、按比例分配剩余财产的顺序进行。固定资产和不可分物，可作价卖给合伙人或第三人，其价款参与分配；（3）清算后如有亏损，不论合伙人出资多少，先以合伙财产偿还，合伙财产不足清偿的部分，由合伙人按出资比例承担。

第十条 纠纷的解决

合伙人之间如发生纠纷，应共同协商，本着有利于合伙事业发展的原则予以解决。如协商不成，可以诉诸法院。

第十一条 本协议自订立并报经市场监督管理机关批准之日起生效。

第十二条 本协议如有未尽事宜，应由合伙人集体讨论补充或修改。补充和修改的内容与本协议具有同等效力。

续表

| 第十三条 其他：_____ |
| 第十四条 本协议正本一式_____份，合伙人各执一份，送_____各存一份。 |
| 合伙人：_____   _____年_____月_____日 |
| 合伙人：_____   _____年_____月_____日 |

若创业时，大家约定的是成立合伙企业，则在制定合伙协议时，创业者可以参考以上模板。若约定注册成立的是有限责任公司，则合伙创业的伙伴需要按照公司法要求签订股东投资协议。在具体过程中，创业者还可以参照公司具体情况，对协议内容做相应调整。

46 企业账户上的钱是谁的钱

在几个人合伙创业时，必须要明确的一个问题就是企业账户上的钱是谁的钱？合伙企业的财产所有权归属问题是每个合伙人最为关心的问题。然而，许多合伙人对这个问题的理解仍然存在着较大误区。由于合伙人对财产的理解不同，在后来的运营过程中往往会出现一系列有关财产权益的纠纷。

合伙企业在签订涉及财产条款的协议时，要遵循以下 3 个原则，以减少不必要的财产纠纷，规避风险，如图 7-1 所示。

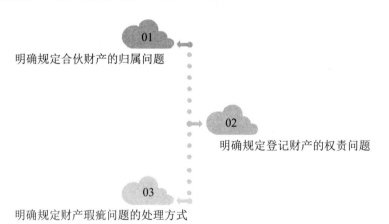

01 明确规定合伙财产的归属问题

02 明确规定登记财产的权责问题

03 明确规定财产瑕疵问题的处理方式

图 7-1 签订涉及财产条款协议须遵循的原则

1. 明确规定合伙财产的归属问题

在涉及合伙财产归属问题时，大多数合伙人都会简单地认为，合伙财产应属于所有合伙人共有，但在实际情况中，这个问题却复杂得多。

根据财产的出资情况，合伙财产的归属问题分为以下四种情况。

（1）合伙人以现金或所有权出资的财产能够被划分为共有财产；

（2）对于合伙人以房屋、土地等实物出资的财产，在合伙期间，全体合伙人仅仅共同享有使用权，并没有所有权；

（3）对于合伙人以劳务、经验或技能等非财产形式出资的资产，在合伙期间，合伙企业的创业团队可以按照市场行情进行价值评估，但这一资产也不能成为合伙企业的共有财产；

（4）对于合伙人以商标或者专利等无形资产进行投资的资产，合伙企业既可以对其拥有所有权，也可以对其拥有使用权。这需要合伙人在签订合伙协议时进行明确规定，否则就可能存在法律上的争议，产生相应的风险。

2. 明确规定登记财产的权责问题

在涉及合伙财产的权责问题时，合伙人需要在办理财产登记时，明确规定办理登记手续的时间、办理费用的承担者以及相关的义务承担者。办理财产登记的内容主要包括所有权以及他物权，若这些权利涉及商标许可使用、专利许可使用等权利，则必须经过国家相关部门审批。合伙人在面对这类权责问题时，必须要签订合同备案，做好各种事项约定，否则也会增加企业的法律风险。

3. 明确规定财产瑕疵问题的处理方式

合伙人的物品出资如果存在严重瑕疵，其必然要受到法律的处罚。如果合伙人用法律禁止转让的财产作为投资资本，则会使企业遭受更严重的法律风险。所以，合伙企业在签订合伙协议时，对这方面的问题要有明确规定。

为避免以后产生财产方面的纠纷，各合伙人需要对彼此的出资情况进行确认，签订合伙人出资确认书。合伙人出资确认书模板如表 7-2 所示。

表 7-2   合伙人出资确认书模板

甲乙丙三方共同投资组建合伙企业。其中甲乙两方以货币形式出资，丙则以实物形式出资。各合伙人认缴或实缴出资如下：
甲认缴＿＿＿＿万元，实缴＿＿＿＿万元，余额＿＿＿＿年＿＿＿＿月＿＿＿＿日缴清；
乙认缴＿＿＿＿万元，实缴＿＿＿＿万元，余额＿＿＿＿年＿＿＿＿月＿＿＿＿日缴清；
丙经 ＿＿＿＿（专业评估作价机构）的协商作价，以 ＿＿＿＿（实物、知识产权、土地使用权或者其他财产）的方式，认缴 ＿＿＿ 万元，实缴 ＿＿＿ 万元，余额 ＿＿ 年 ＿＿＿ 月 ＿＿＿ 日缴清。
全体合伙人（签字、盖章）
＿＿＿＿年＿＿＿＿月＿＿＿＿日
补充说明：
（1）如果合伙人以实物、知识产权等出资，则需要全体合伙人协商作价，并向企业登记机关提交共同签署的协商作价确认书；
（2）如果由法定评估机构评估作价，则需要向企业登记机关提交法定评估机构提供的评估作价证明。

无论合伙人以货币形式出资，还是以实物、知识产权形式出资，都要全体合伙人对此进行确认，以明确资产归属。各合伙人的出资情况明确之后，其责任和权力的明确才会有依据。

47 夫妻两个当股东，公司人格混同要当心

公司如果只有一名股东，则需要在诉讼过程中举证自己的财产与公司的财产是各自独立的，否则就会被判定为与公司人格混同，要承担公司债务。所以，有人在注册公司时，将自己与配偶同时注册为股东，以此在形式上规避人格混同的风险。但是，这种做法真的可行吗？

A 公司在 11 月向 B 公司借款 57.5 万元，A 公司的法定代表人张某后又在 12 月代表 A 公司向 B 公司借款 10 万元。借款到期后，A 公司并未如期偿还借款。

B 公司将 A 公司告上法庭，要求 A 公司偿还借款。因 A 公司股东张某和赵某为夫妻关系，所以 B 公司要求张某和赵某两人对公司债务承担连带责任。

吉林省高级人民法院认为，张某、赵某两人与 A 公司存在人格混同，应对公司债务承担连带赔偿责任。而 A 公司只有两个股东，分别为张某和赵某，二人为夫妻关系。二人承认公司由张某经营，赵某未参与公司经营，且公司均由赵某一人作出决策，不具有独立意思，导致公司缺乏法人独立地位。

同时，公司经营过程中没有账册，日常资金往来均使用张某名下的个人银行卡，且该银行卡还用于结算家庭日常消费。A 公司与股东张某之间的财务管理未作区分，股东自身收益与公司盈利不加区分，导致 A 公司财产与股东张某的个人财产无法区分。

赵某与张某系夫妻关系亦是公司股东，且涉案借款用于夫妻共同经营的公司，所得利润亦用于家庭日常消费，所以该借款属于夫妻共同债务，赵某和张某应对此共同承担连带责任。

据此，股东张某、赵某前述行为造成公司人格与股东人格混同，损害了公司债权人的利益，应对 A 公司的债务承担连带责任。

根据上述案例可以看出，夫妻共同作为公司股东显然不能规避公司人格混同的风险。对于判定公司与股东是否存在人格混同，法院不仅会作形式审查，还会作实质审查。因此，自然人股东的财产最好与公司财产明确区分，公司应开设独立账户，建立明晰的账册，定期按照公司规定向股东分红。股东也不能让客户直接将公司的业务款项汇入自己的私人账户，否则就很容易被判定为股东个人财产与公司财产无法区分。

而公司决策应按照公司规定由董事会决议，切不可由个人擅自代替董事会作出决策，否则容易被判定为公司不具有独立意思，缺乏法人独立地位。

48　出多少钱，占多少股

在现实生活中，有很多合伙人在创业初期不畏艰辛、不分彼此，但在创业成功之后，往往会因为利益分配不均等问题产生矛盾，甚至闹上法庭。最终，曾经同甘共苦的创业伙伴变成了陌路人，甚至敌人。

北京有一家知名小吃店，它采用的是线上与线下相结合的营销方式。这种新颖的营销方式，加上极具情怀的产品名字，让这家小吃店一夜爆红。

据小吃店的创业者透露，他们的店铺开业不到一年，就有投资机构主动找来，还答应给予他们 4000 万元的投资。然而，就在大家都非常看好这家小吃店的时候，却曝出了团队不和睦的消息。后来得知，创业团队中的一名成员被踢出团队。被踢出团队的创业者并没有气馁，而是单枪匹马沿用之前的思维和模式经营小吃店。由于这位创业者依然沿用之前的品牌名称及运营模式，所以，在他盈利之后，其他合伙人要求分红。由于几人就分红方案没有达成共识，最后闹上了法庭。

该案例中的创业者缺乏规则约定，无论是经营中的议事规则、利益分配机制，还是退出机制、竞业限制，都没有事先约定，导致后续问题不断。所以，我们强调在合伙创业过程中，应该制定明确的规则来约束彼此。否则，大家都按照自己的喜好和意愿办事，就难以达成共识，最终的结果极有可能就是合伙人闹上法庭，或者公司解体。相反，如果公司在创立之初就制定了明确的规则，那么不论公司运营到什么程度，盈利也好，亏损也罢，大家都严格按照规则来处理公司事务，就不容易引发矛盾。

因此，要想始终如一地保持良好的合作关系，保证后续良好发展态势，避免创始合伙人之间产生纠纷，一定要事先约定并明确企业的股份分配、权责利分配等问题。

通常，制定分配规则的依据是出多少力，占多少股。

资金是创立与维持公司顺利运营的关键要素之一。公司缺乏资金，犹如人缺少血液一样，是很难生存的。现实中，创业合伙人可能是带着一定的资金加入创业团队的，也可能是提供固定资产（如机器、办公场地）、无形资产（如技术团队、产品专利）等其他资源加入创业团队的。无论是以什么样的方式加入，都建议请专业的第三方机构将这些非现金类资产或资源，折合成大家都认可的现金出资，然后根据现金出资情况进行股份分配。

公司按出资额来分配股份，主要有以下 4 个方面的原因，如图 7-2 所示。

符合《公司法》规定　01

02　具有公平性

能提高出资者的积极性　03

04　大多数公司的通用做法

图 7-2　按出资额分配股份的原因

1. 符合《公司法》规定

《公司法》规定，有限责任公司的股东按出资额对公司承担有限责任；股份有限公司的股东按出资额认购公司的股份，并对公司负责。可见，不论是哪一种类型的公司，其股东对公司承担责任的依据都是股东在公司中所占有的股份。而股东占有股份的多少，又是依据股东的出资额而定的。由此看来，根据合作股东的出资情况分配股份是合理的，而且具有法律依据。

2. 具有公平性

股份分配如果没有明确的规则，极易造成经营过程中股东之间互相推诿、扯皮的现象。同样，如果股份分配规则缺乏一个可行的依据，那么制定出来的股份分配规则也不会得到大家的认可。而以出多少钱、占多少股的方式进行股份分配，是非常公平的，也很容易得到大家的信服。

首先，资金是公司运营发展的一个重要前提。如果没有资金，公司就不可能生存下来。其次，技术同样可以通过估价的形式入股公司，这样技术也就转化为资金。所以，以出资额来分配股份，其适用范围非常广，极具公平性。如果不以出资额为股份分配的依据，而是以平均分配的方式分配股份，那么，投资者很可能不愿意拿出尽可能多的资金来创立公司和支持公司发展，而且这对那些为公司付出更多努力的人也不公平。

3. 能提高出资者的积极性

众所周知，占有公司股份越多的人，他们对公司的决定权也就越大。反过来说，要想获得对公司更大的决定权，就需要尽可能多地拿出资金来支持公司。所以，按照出资额分配股份能够调动出资者的积极性。相反，如果每一个人都获得相同的股份，每一个人都是平等的地位，即使是有钱的合伙人，在公司急需用钱的情况下，也不会主动拿出资金。

4. 大多数公司的通用做法

事实上，目前大多数公司的股份分配规则是以出资额为依据的。而且，众多公司的实践也证明了这种分配方式是切实可行的。所以，创业者在没有找到更好、更合适的分配依据之前，可以借鉴这种分配规则。

49 劳务出资引发法律风险

《中华人民共和国合伙企业法》（以下简称《合伙企业法》）第十一条规定："经全体合伙人协商一致，合伙人也可以用劳务出资，其评估办法由全体合伙人协商确定。"国家虽然有这样的法律条文，但是在具体涉及合伙人的劳务出资形式、劳务出资量化等问题时，却并没有作出相应的明文规定。

那么，针对这些具体问题，每个合伙企业都应该根据自身发展状况，进行详细而周密的协商，最终制定出适合本公司的劳务出资条文。如果条文约定不明或者约定不当，就会使公司遇到一系列因劳务出资问题而导致的法律风险，如图 7-3 所示。

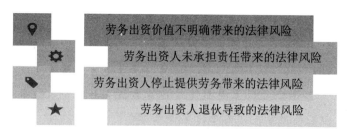

图 7-3　劳务出资问题导致的法律风险

1. 风险一：劳务出资价值不明确带来的法律风险

劳务出资的价值很难精确衡量，其更加需要依赖合伙人共同达成协议。

如果合伙人同意劳务出资的方式，但并未同步明确规定劳务出资在公司股权中的份额，那么就会导致公司在发展的后期产生股权纠纷。所以创业团队在同意某合伙人用劳务出资时，需要及时评估其劳务出资的价值。评估劳务出资价值不仅要考虑公司的发展状况，还要参考当时市场行情，以便所有合伙人明确对劳务出资人的价值评估，并形成书面文件。

2. 风险二：劳务出资人未承担责任带来的法律风险

劳务出资人与财产出资人的最大区别在于，他可能并没有投入足够的资金。由于合伙企业需要承担的是无限连带责任，如果劳务出资人在企业发展陷入困境时，不具备承担责任的能力，其必然会对企业造成更加不利的影响。所以，合伙企业在成立之时，要衡量劳务出资人是否具备财产出资能力，或劳务出资人在获得劳务出资价值金额确认的同时明确接纳出资额所对应的责任，从而决定是否让其以正常合伙人身份来承担公司风险。如果创业团队事先没有规定或形成书面文件，那么，在后期极可能出现劳务出资人不承担责任或无法承担对应责任的情况，其他合伙人也只能是有口难言。

3. 风险三：劳务出资人停止提供劳务带来的法律风险

劳务出资人的最大价值在于他提供的劳务。在签订合伙协议时，公司一般都会根据劳务出资人的价值评估规定其在合伙企业中所占的出资比例。但是，当劳务出资人不再为公司提供劳务服务时，其所占出资比例也不会自动消失。所以此类情况下，需要创业团队根据情况，提前作出具体安排。

劳务出资人不提供劳务服务的原因主要有两种。一是劳务出资人因多方面原因退伙。针对此类情况，企业或可根据自身发展状况，按照此前评估的劳务出资价值金额，以奖励回购形式收购其所占的股份份额，并给予相应的退出安慰，便于安排竞业协议等文件签署。二是可能因为企业的技术转型，或劳务出资人的年龄增长，其劳动能力或劳动技能无法跟上企业的快速发展，或劳动能力逐渐丧失，不能够继续为公司提供劳务服务。

对于第二种情况，创业团队同样应该在合伙协议中提前安排具体规定，而不是等到情况实际发生再临时给意见处理，更不能直接扣除其应有的股份。例如，在合伙协议中明确规定，当劳务出资人不能够继续为公司提供价值时，企业就会根据他的历史贡献给予其相应的物质激励或保留少部分股份，但是为了持续保持企业活力，将会以适当回购的形式稀释其部分股份。回购的股份用于激励更有价值的年轻劳务人员。

这种方式既考虑到了原劳务出资人的利益，也能够激发潜在合伙人的潜力，同时还可以避免一系列矛盾，可谓一举三得。

4. 风险四：劳务出资人退伙导致的法律风险

劳务出资人可能会因许多外在诱因而退伙，其中最重要的原因有两个：一是公司发展前景黯淡，二是利益分配不公平。针对这种情况，需要提前模拟多种情况，提前约定退伙方式，以及相关退伙后需要遵守的约定。如果处理不公，其还会引发一系列法律纠纷。

首先，明确劳务出资人退伙时，合伙企业便不再享有其提供的劳务，需要及时补充合适的人员接替工作。其次，需要提前约定合伙人的竞业协议和条款，确保不会因为劳务出资合伙人的退出而多了竞争对手。最后，做好知识产权的归属和权益的约定。明确劳务出资合伙人在工作岗位上的工作成果和对应的知识产权归企业所有，其退出后不得随意侵犯包括专利、商业竞争技巧等知识产权。

劳务出资合伙人退伙，在缺少事先约定的情况下，极可能会导致合伙人之间因利益问题产生矛盾，必然会影响企业的稳定发展。为了避免出现这样的风险，创业团队一定要事先约定合伙规则，制定科学的发展战略和相对公平的利益分配机制。

50 合伙人的职责和权力如何划分

钱亮是一家饭店的老板，也是一名出色的厨师，经营饭店已经有两年时间了。饭店的生意越来越好，也积累了一些忠实客户。为了更好地发展，钱亮找来了自己的好朋友王子鸣，合伙创立了一家餐饮公司。钱亮提供技术，王子鸣提供资金，两人各占 50% 的股份。

钱亮负责对员工进行培训，而饭店的运营管理、渠道拓展等都是王子鸣的工作。在两人的努力下，饭店不断扩张，两年开设了 5 家分店。

生意越做越大，钱亮和王子鸣之间渐渐产生了矛盾。原来王子鸣在管理饭店的过程中树立了较大的威信，员工对其十分信服，对钱亮的命令却往往不理不睬。因为此事，钱亮与王子鸣发生了争执。为缓和两人的关系，王子鸣同意钱亮出任公司董事长，负责管理公司，自己则退居二线。

但钱亮对管理公司并不在行。在他的带领下，公司的效益频频下滑。迫于无奈，钱亮请求王子鸣重新管理公司。但市场竞争是残酷的，在公司动荡的时间里，竞争对手获得了较快的发展，并向两人的餐饮公司发起了挑战。王子鸣倾尽全力，终究错失良机，无法使公司恢复到之前的发展水平，最终在激烈的市场竞争中败下阵来。

从上面的案例可以看出，一些合伙企业在初创或经营时，受到人情世故的影响，忽视了各个合伙人权责利的约定。特别是在初创企业时，合伙人各种利益和情感相互交错，碍于情面，混淆了作为朋友的个体与作为企业合伙人的合作伙伴的关系区分，忘记明确各个合伙人所对应的价值，也忘记了用书面形式明确规定各合伙人的职责和权力。

然而，企业的壮大发展，显然不是仅仅依靠合伙人之间的交情就能实现的。改革开放四十年来，无数的案例告诉我们，需要事先明确各合伙人的职责与权利，提前做好团队内部的稳定机制，避免企业运营出现混乱，或因利益或因权力分配而产生纠纷，严重影响企业的发展。

建立科学的责任划分机制，有利于保障合伙人的共同利益。那么，合伙企业应如何科学地划分合伙人的职责和权力呢？主要有以下 3 种方法。

（1）一人一票决定企业管理事务：即不论各合伙人出资多少，其表决权都一样。这种方式有利于决策的公平和内部的和谐，但是不利于重大决策时意见的集中。

（2）根据出资比例享有决策权利：此方法对出资多的合伙人更有利，也有利于团队的集中管理与决策。但是这种方法降低了其他合伙人特别是有技术专长合伙人的话语权，会增加决策失误的概率。同时，也是要避免简单地按照出资划分股权，即需要避免两个或四个合伙人分别结盟形成一样的决策权，这也不利于重大决策时意见的集中。

（3）根据专业特长建立决策机制：此方法有利于专业领域或技术团队的

科学决策，但因为降低了出资人的话语权，可能忽视了企业效益的重要性，或选择技术方向而导致的决策效率低下的问题，容易导致企业丧失绝佳的发展时机。

从整体来看，这三种方式各有利弊。创业团队要根据企业所处的行业、市场空间、发展时机、竞争状况，选择适合发展的决策方式。但是无论采用哪一种方式，都要制定细致的规则，形成书面的议事规则，避免出现因意见分歧导致无法决策的情况。

明确各合伙人的分工和责权利之后，仍要以书面协议的方式明确下来，各合伙人需要签订合伙人分工协议。合伙人分工协议如表 7-3 所示。

表 7-3　合伙人分工协议示例

甲乙丙三方在平等自愿原则下，经过友好协商，共同签订以下分工协议：

1. 甲乙丙三方在充分的市场调查以及共同协商基础上决定开展此业务。
2. 合伙期限为_____年，自_____年_____月_____日起至_____年_____月_____日止。
3. 甲乙丙三方共同议定：_____（人事调度、考勤安排）等事务由甲方全权负责；_____（公司财务、日常事务）等事项全权由乙方负责；_____（运营管理、客户维护）等事项全权由丙方负责（各个合伙企业可以根据公司的具体安排具体划分）。
4. 企业核心事务由核心负责人全权负责，其他人参与辅助工作，保证决策顺利科学执行。
5. 在利润分配时，甲乙丙三方要以资产评估为依据，按出资比例进行货币分配。
6. 合伙企业设立专用银行账户，其中的资金不得挪作他用。
7. 未经其他合伙人一致同意，禁止某一个合伙人私自开展业务活动。如果造成损失，该合伙人必须按实际损失赔偿。
8. 合伙人之间如发生纠纷，应友好协商，本着合伙事业共同发展的原则予以处理解决。
9. 本协议如有未尽事宜，应由甲乙丙三方进行讨论补充或修改。修改补充的内容与本合同有着同等效力。
10. 本协议自订立之日生效，一式 3 份，甲乙丙三方各执 1 份。

甲方签字：_____
乙方签字：_____
丙方签字：_____

合伙人分工协议能够明确各合伙人的职责，当企业运营出现问题时，各位合伙人也能够明确是哪位合伙人的工作出现了问题，能够避免合伙人之间相互推诿。

51　注册股东过多或过少有哪些问题

注册股东一般称为名义股东，是在工商部门登记的股东。创业发起人一般为公司的法人，而其他合作伙伴则能够成为公司的注册股东。合伙企业的合伙人有多有少，公司的注册股东也是有多有少。那么，企业或公司的注册股东过多或过少有哪些问题呢？

1. 股东人数过多

不同的创业团队，有不同的创业起点，以及不同的团队组合方式。有的创业团队，包括发起创业者在内，会有八九个合伙人或更多，股东人数比较多。当出现这种情况时，是否要把所有合伙人都变为注册股东呢？

一般，建议在公司刚注册时，进入工商注册名录的股东人数不宜过多。核心原因是如果注册股东人数过多，就会加重公司经营、管理、合规等相关程序方面的负担，不利于创业项目快速发展。例如，在股东人数较多的情况下，必然会形成规范的"三会一层"，即需要建立完善的股东会、董事会、监事会和管理层，并且因兼顾团队平衡，极易形成多数合伙人分别出任不同岗位的局面，导致刚开始就以成熟企业的模式程序化管理初创企业，丧失了初创企业的快速反应能力。再如，某些创业企业因为发展速度很快，会连续出现超过管理层权限的项目决策，这就需要上报董事会或股东会进行项目决策，导致决策时效降低，从而延误战机。同时，股东人数过多，在进行股权分配、股权动态调整时，达成一致意见就会困难很多。例如，企业发展到一定阶段，需要增资扩股引入投资人，就需要所有注册股东签字同意，增加了意见咨询、沟通以及条件设定的时间和难度。

2. 股东人数过少

多数创业企业在初创的时候，团队并不完善，甚至只有创业者自己能成为公司的股东。当出现这种情况时，是否要等到其他股东到位之后再注册公司？答案当然是否定的，创业者不需要等到有其他股东时再去注册公司。

在创业项目发展中，可能创业者已经在谈融资了，也找到了愿意投资的投资者，这时如果不及时注册公司，就会非常不利于项目发展。或者说，创业者已经需要申请发明专利、申请产品商标或申请软件著作权，甚至有创业者已经谈定一些业务，就必然需要完成注册的公司来行使权力和落实权益归属。当然，在没有合伙人时，创业者也可以注册一个一人有限责任公司，等到其他合伙人加入，或股东确定之后，再将其增加为注册股东即可。多数情况下，为了更便于操作，建议公司注册的时候就形成多名股东的注册结构。除了事先明确或行业性质所需，也可以注册成为有限合伙企业。

之所以要关注注册股东的数量，是因为公司一旦注册完成，就进入到公司决策、公司运营等管理责权分配与收益分配的安排当中。一人有限公司显然比较方便，但是无法有效容纳其他合伙人的意见和激励安排。多个股东的创业公司就要考虑到公司决策管理等一系列问题。例如，注册股东的数量决定着公司董事会席位的设置。董事会席位最好设置为单数，可避免决策时陷入投票僵局。若董事会席位是双数，那可能会带来很多不便，具体如图 7-4 所示。

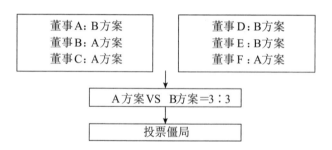

图 7-4   双数董事会席位可能带来的决策僵局

如果董事会席位是双数，那么很容易在投票决策环节陷入僵局。为了避免出现这种情况，首先避免注册股东所对应的持股比例不可对等均分，要有一个实际控股股东。同时，董事会董事数量设置为单数，方便决策投票。若有某些特殊情况下，需要释放股权给投资股东，那么项目创始股东或核心技术股东可以用"同股不同权"的方式，以 AB 股投票权限约定的形式做好事先准备，便于后期管理与决策的顺利推进。

52　退出问题未作约定，合伙双方很难"和平分手"

　　彭女士是一名资深的舞蹈老师。一年前，她与 2 个朋友合伙开了一家舞蹈工作室。3 个人各自出资 5 万元，并将舞蹈工作室的股份平均分配。由于 3 个人是好朋友，也没有开公司的经验，所以，她们只是在口头上约定了股份分配的事情，并没有签订合伙协议，更别说制定退出机制了。

　　她们租了 100 平方米的门店，一次性交付了一年租金，6 万元。之后门店装修花了 2 万元，购买道具、服装花了 1 万元。舞蹈工作室就这样成立了。舞蹈是彭女士非常热爱的事业，她将所有精力都投入工作室经营中。尽管如此，由于前期宣传工作不够充分，招生情况并不理想。其中有一位合伙人逐渐丧失了信心，工作热情不高，也不够积极。没多久，这位朋友提出退出。因为当初没有制定退出机制，合伙人的退出让工作室陷入资金危机，经营难以为继。尽管彭女士与另外一位合伙人最终同意这位朋友退伙，但影响了朋友感情，也影响了工作室的持续经营。

　　在现实生活中，很多创业企业是同学、同事、朋友或亲戚合作发起的，合伙人或出于信赖或出于对彼此感情的考虑，抑或出于对创业项目的无比热情、莫名信心，不好意思谈论退出机制的问题，而这往往会将辛苦创立的公司逼上绝路。以上述案例为例，彭女士的朋友提出退出，由于没有约定退出机制，彭女士与另一位合伙人只能同意其无条件退出，这也对工作室造成了致命打击。相反，如果她们在创立工作室之初就制定退出机制，在各种退出条款限制下，合伙人或许就不会轻易退出，或者即使合伙人退出了，也会依照退出条款对工作室进行补偿。有事先约定的退出机制，会最大程度不影响朋友感情，更不会对工作室造成致命打击。

　　在公司成立之前，创业团队就要先将以后可能会遇到的不良情况、不利发展因素等统统提出来，根据这些内容制定相应的应对措施，这才是成熟的合作模式，才能真正保证公司长足发展。例如，合伙伙伴、合作股东在什么情况下可以退出？退出的时候应该怎样分配利润或承担哪些责任？这些都需要事先谈好，并列入合伙协议或股东投资协议中，避免不必要的纠纷。

公司经营的每一个环节都应该在法律、法规所允许的范围内进行，合伙人的退出也不例外。《中华人民共和国合伙企业法》（以下简称《合伙企业法》）第四十五条规定，合伙协议约定合伙期限的，在合伙企业存续期间，有下列情形之一的，合伙人可以退伙：

（1）合伙协议约定的退伙事由出现；

（2）经全体合伙人一致同意；

（3）发生合伙人难以继续参加合伙的事由；

（4）其他合伙人严重违反合伙约定的义务。

可见，合伙人的退出是有法律保障的。但是，法律也明确规定了合伙人退出的条件。所以，不论是合伙人的退出，还是未退出的合伙人的权益，都是受法律保护的。也就是说，对于退出者的不合理要求，未退出者有权说"不"。相应的，《公司法》对于股东在哪些情况下可以退出也是有一定规定。结合在工商部门备案的公司章程，以及合作股东之间约定的投资协议，同样可以约定公司股东的退出和相应保障。

为了在退出时，发起合伙人和其他创始合伙人能够有据可依的商议，创业团队有必要制定一个完善的合伙人退出机制。其具体内容一般应包括以下 4 个要点，如图 7-5 所示。

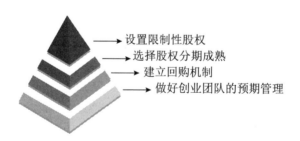

设置限制性股权
选择股权分期成熟
建立回购机制
做好创业团队的预期管理

图 7-5　制定退出机制的 4 个要点

1. 设置限制性股权

为了应对其他合伙人中途退出的问题，创业团队在创立公司之初就应该设置限制性股权。所谓限制性股权，是指有权利限制或前置约束条件的股权，是创业团队的内部约定，亦可以通过公司的"股权投资协议"或"合伙协议"进行书面约定。

例如，服务期限的保底约定限制。一旦加入成为合伙人，需要在达成约定的服务期限后，才可以因其他各种原因提出退出公司或退出合伙。否则，其所持有的股权会失效，可以被发起合伙人或公司直接零成本收回。这个期限一般为3年。因为对于一个公司来说，经过3年的发展，基本可以稳定或确认商业模式是否继续。这时即便有合伙人提出退出，也不会对公司发展造成太大的影响。

当然，在实际制定退出机制的时候，合伙人可以共同商量股权期限，以3年为期，也可以更短或者更长。为了降低因合伙人退出而给公司发展造成的影响，股权期限可以设置得久一些。总之，这个时间期限要以公司内部人员的意愿为前提。有服务期限制的股份模式，也将促使参与合作的合伙人或股东都能更冷静地思考一起合作、一起创业的前景。

2. 选择股权分期成熟

与退出机制相关的服务期限约定是一种限制性股权设置模式。对应的，让股权分期成熟也是退出机制的一个重要组成部分。它是指部分合伙人或合作股东所持有的股份是在公司创立之初按照一定的标准（如可接纳投资额或技术入股等条件）进行约定，与合作时间挂钩。这些股份初始阶段只是名义上的，经过一定期限后，才会真正起作用。有了这一条件后，即使有合伙人在公司发展形势大好的情况下退出，也不会对公司造成重大影响。这其实也是一种规避因合伙人退出而影响公司发展的做法。通常情况下，股权分期成熟有以下方法。

（1）与4年服务期限挂钩，每年兑现25%。

（2）服务时间满2年，则股权成熟50%；满3年，再成熟25%，即所有股份的75%；满4年，所有股份成熟。

（3）第1年成熟20%的股权，第2年再成熟20%，第3年成熟30%，第4年成熟40%，以此类推。这样有助于鼓励合伙人长期合伙。

（4）第1年成熟20%，剩余股权在3年内每月兑现1/48。

股权分期成熟的模式大致有以上4种方法，创业者在制定退出机制时，可以根据实际情况加以选择和修改。

股权分期成熟可应用于多场景。可以是针对技术入股的，或以市场推广能力等无实际出资的合伙人或股东，可以采用分期成熟方式进行激励。亦可以在引入投资人股东时，根据企业发展情况分期成熟其约定投资股份，分期引入所投资资金。

通过股权分期成熟的方式：一方面可以增强合伙人的黏性，让他们不要轻易退出合伙关系；另一方面可以降低因合伙人执意退出而给公司带来的不良影响。

3. 建立回购机制

根据《公司法》的有规定，公司股份的持有不以是否在公司任职为标准。所以合伙股东退出时，按照法律规定是同时带走公司股份的，不仅导致公司股份外流，而且可能进一步形成公司决策沟通需要股东参会、投票、签字等一系列问题，特别是万一出现因发展或其他事宜形成异议股东的股份权利处理，这显然是不利于公司发展的。

所以，事先约定股份的强制回购机制，是保护公司长远发展的有效手段之一。发起股东或未退出的合伙人可以通过回购方式来确保公司股权或股权权益掌握在公司内部。那么，回购价格如何确定呢？这就需要提前建立一个回购机制。

专业且资深的股权管理者建议，确定回购价格时可以参考 3 个方面的因素：第一，参照合伙人或合作股东购买股份时价格的一定溢价；第二，参照合伙人或合作股东退出时公司的净资产；第三，参照最近融资估值的折扣价；第四，结合拟退出合伙人或合作股东带给公司的作用和效益评价。其中，第二个因素主要适用于重资产公司，第三个因素则主要适用于轻资产公司。

4. 做好创业团队的预期管理

对于成熟的、理性的创业人来说，退出机制的设定很有必要。但是，对于多数创业者，特别是初次创业者，在合伙之前就与合伙人谈退出的问题，从情感上来说，还是会给合伙人带来不良影响的，甚至可能会让其他合伙人怀疑创始人是否真心实意邀请自己参与合伙。为了避免这种过于感性或尴尬情况的发生，做好创业团队的预期管理是十分必要的。

首先，在股权分配、预期收益分配以及涉及公司发展目标的预期问题上，所有合伙人应该一起讨论，达成理念上的共识。然后，切记创业不易，事先谈谈失败的可能更有助于建立团队合作的信心。在这个基础之上，将退出机制等落实到书面。这样就不会引起合伙人的反感，而且在实施规则的时候也更容易被认可。

有了这些前提条件，即使有合伙人退出，也不至于给公司带来致命打击。可以说，这是成熟的创业者，尤其是在合伙创业情况下应该考虑到的问题。

 53 决策不科学，合伙人提出异议

李强与别人合伙开了一家减肥中心。该减肥中心的合伙人一共有 5 个，其中一个合伙人投入了 70% 的启动资金，占有该减肥中心 65% 的股权。虽然事先约定，5 个合伙人共同管理减肥中心的各项事务，但该合伙人因为自己出资多、所占股份比例大，按约定控制了减肥中心的公章以及财政大权。实际运行过程中，这位合伙人不把其他合伙人放在眼里，经常私自决定减肥中心的各项事务。虽然其他合伙人对此非常不满，却不知道该如何应对。

其实，对于这位合伙人的私自决策行为，其他合伙人是可以提出异议的。无论是合伙企业还是有限公司，都是有《合伙企业法》《公司法》约定合伙人或公司股东权益的。

按照《公司法》的规定，只要是公司的股东，不论占多少股份，都有权发起股东会议，通过股东会进行公司项目决策，知晓公司的经营状况，查看公司的盈利情况。向公司申请查看会计账簿是股东的基本权利，如果股东的申请遭到了拒绝，就可以请求人民法院要求公司提供资料查阅。以上案例中该合伙人的做法属于侵害中小股东权益，是可以通过股东会提出决策异议的。若涉及侵犯公司财产行为，其他合伙人完全可以搜集有关证据，然后以股东名义提起诉讼，保护自己的合法权益。

《合伙企业法》第二十九条规定："合伙协议约定或者经全体合伙人决定，合伙人分别执行合伙企业事务时，合伙人可以对其他合伙人执行的事务提出异议。提出异议时，应暂停该项事务的执行。如果发生争议，可由全体合伙人共同决定。

被委托执行合伙企业事务的合伙人不按照合伙协议或者全体合伙人的决

定执行事务的，其他合伙人可以决定撤销该委托。"

从上述规定来看，当某一合伙人对其他合伙人执行事务的行为提出异议时，被异议人应立即中止对该事务的执行。如果被异议人对异议人的意见表示认同，则应按照其意见予以纠正或终止该事务的执行；如果被异议人对异议人的意见不认同，则应要求全体合伙人共同决定。全体合伙人如果认定被异议人的行为为越权或其他不正当行为的，被异议人应自觉予以纠正；全体合伙人如果认定被异议人为正当行为的，则应依多数合伙人的意见恢复该事务的执行，即使异议人有不同意见也应予以保留。

这里需要明确的是，在合伙企业中，所有合伙人的地位都是平等的。因此，合伙人不应该完全服从于出资较多的合伙人，当有异议时，应该及时提出来，并依法解决。对于个别合伙人坚持己见，拒绝被监督的行为，其他合伙人应积极应对。

没有人能保证在公司运营或合伙企业运营过程中，股东或合伙人之间不会发生冲突，不会对某一事务提出截然不同的意见。所以，认真制定公司章程，约定议事规则，认真约定合伙企业的决策机制，是保证良好合作的重要前提。

合伙开公司出现异议是不可避免的情况，如果处理得当，不会给公司发展造成太大影响。

54 创业团队与股权相关的涉税风险

所有合伙企业、合作公司的设立、经营均与税务有关，税务问题如果处理不当，则会为企业带来严重的涉税风险。创业团队要注意以下 3 种涉税问题：股权激励时存在的涉税问题，股权对赌协议中的涉税问题，股权转让中的涉税问题。妥善处理上述问题，可以有效避免企业的诸多涉税风险。

1. 股权激励的涉税问题

股权激励能够激励员工努力工作，有利于企业长期发展。但是在进行股权激励时，创业团队也要注意相关的涉税问题。股权激励中税务上缴详情如表 7-4 所示。

表 7-4　合伙企业中股权激励下的员工个税处理方案

	形式	授予时点	行权时点：取得股权 / 股权行权 / 限制性股票解禁 / 取得股权奖励时	转让时点
满足条件	股票（权）期权、股权奖励、限制性股票	无	递延纳税：税率 20%	经向主管税务机关备案，可实行递延纳税政策，即员工在取得股权激励时可暂不纳税，递延至转让该股权时纳税	按财产转让所得税：税率 20%；转让境内上市公司股票，免个税；转让境外上市公司股票，税率 20%
不满足条件	以低于公平市场价格取得股票（权）	无	按公司薪金征税：累进税率：3%～45%	应纳税所得额=（公平市场价格-实际市场购买价格）×行权数量 应纳税额=（应纳税所得额÷规定月份数×适用税率-速算扣除数）×规定月份数 公平市场价格，依次按照净资产法、类比法和其他合理方法确定。 前提：需要向税务机关备案	同上

由表 7-4 可知，在股权激励中，员工的持股主要由三部分构成，分别是股票期权、股权奖励和限制性股票。

国家在制定相关税法时，充分考虑到了初创企业在经营中存在的不确定性，所以将股权激励对象的纳税时间点顺延到转让股权时，又将原有税率进行了调整，由原来的 3%～45% 超额累进税率，调整为 20% 的股权转让税率。这样有助于初创企业利用股权激励的方法激励员工，促进公司发展。创业团队按照国家规定，上缴员工股权激励税款，就能够避免许多不必要的麻烦，减少一系列税务风险。

2. 股权对赌协议中的涉税问题

获得专业机构的投资是创业企业快速发展不可或缺的途径之一。与之相伴的就是业绩的对赌。对赌协议是投资领域中的一种估值调整机制。对赌协议条款的设计能够有效保护投资者利益。

当一家公司发展非常快速，急需资金，他们便可能寻求投资人的资金支持。投资人根据企业情况，可以采用单纯的股权投资，或债权投资（俗称贷款），或股债结合投资方式等。此时，投资人就可能和他们签订一个对赌协议。例如，约定公司年利润增长达到 20%，那么投资人投入的资产或资金可以作价替换成为公司相应的股权。如果没有达到这一利润增长目标，那么创业者或公司股东就要连本带息将其所投资金返还给投资人。这个是债权投资可以转换为股权投资的对赌协议。

在这里，我们需要深入了解对赌协议的内涵。由于"对赌协议"存在不确定性，因此它一般不会在投资协议的主合同中出现，而是会以附属协议形式存在。此外，"对赌协议"只是影响双方最终的利益分配，并不影响主合同的价格约定与相关条款执行。

在税务处理上，即使企业存在对赌协议，其企业所得税的上缴仍要遵循实质重于形式的原则和权责发生制的原则。即便税法尊重发展与创新，但税务机关仍会依法行使职权，致力于为纳税人提供公平、和谐的纳税环境。

例如，A 公司与 B 投资机构制定了一个对赌协议。B 投资机构认为，A 公司在股权转让交易完成后的 3 年内完成对赌协议的目标，才算完成合同，之后，A 公司才能够缴纳相应的税款。

在具体执行过程中，创业团队要谨遵协议内容，在对赌协议目标完成的同时，立即上缴其涉及的各项税款，避免偷税漏税，这样，才能够减免不必要的税务问题。

3. 股权转让中的涉税问题

《公司法》明确规定，股东有权通过法定方式转让自己名下的所有出资或者部分出资。但是在股权转让中也存在着涉税问题，其中最主要的就是股东转让股权后所产生的营业税问题和企业所得税问题。

国家颁布的财税〔2002〕191 号文件，对股权转让的征税办法重新作出了规定。其明确指出，国家对股权转让不征收营业税。所以，合伙企业的股东在进行股权转让时，不需要上缴营业税。

我国的法律法规对股权转让时的企业所得税征收也有明确说明。《国家税务总局关于企业股权投资业务若干所得税问题的通知》中规定：

"（一）企业股权投资转让所得或损失是指企业因收回、转让或清算处置股权投资的收入减除股权投资成本后的余额。企业股权投资转让所得应并入企业的应纳税所得，依法缴纳企业所得税。

被投资企业对投资方的分配支付额，如果超过被投资企业的累计未分配利润和累计盈余公积金而低于投资方的投资成本的，视为投资回收，应冲减投资成本；超过投资成本的部分，视为投资方企业的股权转让所得，应并入企业的应纳税所得，依法缴纳企业所得税。

（二）被投资企业发生的经营亏损，由被投资企业按规定结转弥补；投资方企业不得调整减低其投资成本，也不得确认投资损失。

（三）企业因收回、转让或清算处置股权投资而发生的股权投资损失，可以在税前扣除，但每一纳税年度扣除的股权投资损失，不得超过当年实现的股权投资收益和投资转让所得，超过部分可无限期向以后纳税年度结转扣除。"

所以，企业合伙人在转让股权的时候，一定要严格遵守相关法律法规，做到知法守法，依法纳税，既要保护自己的合法利益，又要履行相应的义务。

55 合伙人、合作股东的个人风险

企业在经营过程中，不仅会面临法律风险，还会因为个人问题而承受一系列风险。常见的个人风险有两个，分别是股权代持风险和死亡风险。

1. 股权代持的风险

股权代持又被称为隐名投资、假名出资或者委托持股。从本质上来讲，股权代持是指隐名股东名义上将其股权转让给名义股东的一种股份处置方式。隐名投资人为保护个人信息安全或者不愿暴露自己的财富，往往会选择股权代持的方式。另外，一些实际投资人会出于商业运营的需要，选择股权代持的经营方式。例如，隐名合伙人为规避潜在的关联交易和同业竞争问题，最终选择股权代持的方式。

股权代持虽然有其存在的合理性，但是对名义股东和隐名股东来讲，这种方式仍然存在较大的风险。

一方面，股权代持会给名义股东带来两大风险，分别是履行公司出资义务的风险和税收风险。在商业经营中，如果隐名股东违约不投资，那么名义股东就将面临出资的风险。虽然名义股东能够在出资后向隐名股东索取赔偿，但仍然要面对诉讼风险。此外，名义股东还要面临税收风险。一般来讲，在股权代持中，如果条件成熟，隐名股东在解除代持协议时，名义股东和隐名股东都将面临税收风险。

另一方面，隐名股东也会面临以下风险：隐名股东与名义股东的合同失效导致的风险，名义股东滥用权力，导致企业利益受损，危害隐名股东利益的风险，因名义股东自身所产生的问题，导致隐名股东利益受损的风险，隐名股东的股东资格面临无法恢复的风险。具体阐释如下：

风险一：隐名股东与名义股东的合同失效导致的风险。

如果隐名股东与名义股东产生纠纷，他们之间签订的内部协议将会浮出水面，其合同效力也将面临失效的风险。

《民法典》第一百五十三条规定："违反法律、行政法规的强制性规定的民事法律行为无效。但是，该强制性规定不导致该民事法律行为无效的除外。违背公序良俗的民事法律行为无效。"

第一百五十四条规定："行为人与相对人恶意串通，损害他人合法权益的民事法律行为无效。"

签订合同属于民事法律行为，《民法典》对于民事法律行为有规定，如违反以上规定，则隐名股东和名义股东签订合同这一民事法律行为失效。

风险二：名义股东滥用权力，导致企业利益受损，危害隐名股东利益的风险。

由于隐名股东对代持股份无法行使控制权，所以名义股东能够逐渐控制股份，从而损害隐名股东的利益。例如，名义股东滥用经营管理权、分红权、剩余财产分配权以及表决权等权利，都会严重损害隐名股东的实际利益。

风险三：因名义股东自身问题，导致隐名股东利益受损的风险。

如果名义股东不能偿还债务，法院和其他相关权力机关会依法让隐名股东偿还名义股东的债务；如果名义股东出现离婚或死亡等问题，其名下的股权在被分割或继承时，也会引起相应的法律纠纷，而隐名股东则有可能会卷入这些纠纷，从而造成利益受损。

风险四：隐名股东的股东资格面临无法恢复的风险。

《关于适用中华人民共和国公司法若干问题的规定（三）》规定：实际出资人未经公司其他股东半数以上同意，请求公司变更股东、签发出资证明书、记载于股东名册、记载于公司章程并办理公司登记机关登记的，人民法院不予支持。这样的规定将会导致隐名股东的股东资格面临无法恢复的风险。

总之，无论是对于名义股东，还是对于隐名股东，股东代持都会给其带来一定的风险。所以合伙人在使用这种方式时，一定要慎重，要事先制定完善的协议。

2. 合伙人或合作股东死亡的风险

天有不测风云，人有旦夕祸福。在合伙人或合作股东死亡后，创业团队应按照合伙协议、股东投资协议约定或者经全体合伙人一致同意，让死亡合伙人或合作股东的法定继承人继承企业的合伙人或股东资格。依法处理合伙人或股东的股权继承问题，能够有效避免因合伙人或股东死亡带来的意外风险。

2019年，李密和自己的3个朋友在江西合伙开了一家造纸厂，前期公司发展顺风顺水，然而1年后，李密身患癌症，最终在2021年年初不治身亡。根据他的遗嘱，他的儿子李辉享有他在公司的合法继承权。

由于股权过渡稳定顺畅，公司发展没有受到影响。

但是，如果出现以下情形，合伙企业或合作公司就必须向死亡合伙人或股东的法定继承人退还相应的财产份额，其具体内容如下：

（1）继承人不愿意成为合伙人或股东的；

（2）合伙协议或股权投资协议约定不能成为合伙人、股东的情形；

（3）法律规定或者合伙协议、股东投资协议约定合伙人或股东必须具备相关资格，但是该继承人并没有取得这样的资格。

创业团队按照法律法规以及合伙协议、股东投资协议的规定，合法、合理地处理类似问题，就能够顺利避免因合伙人死亡引发的相关风险。

56 失去控制权，创始人被踢出局

刘畅和朋友王伟、秦力合伙开了一家培训学校。刘畅认为这是自己梦想起航的地方，为此努力拼搏，全身心投入。没想到，公司经营半年后，刘畅却被两名合伙人踢出了局。

刘畅是公司法定代表和最大股东，占股 40%，剩余两人各占股 30%。由于负责公司的对外拓展业务，常常出门在外，刘畅便把公司的银行账户、营业执照、公章，以及公司的日常运营都交给他信任的朋友王伟。半年之后，刘畅核对公司账目时，发现了大问题。原来，学员把费用都交到了王伟的个人账户，而非公司的对公账户。

更让刘畅没有想到的是，在公司会议上，当他质问王伟时，对方却表示自己购买了秦力 21% 的股份，现在自己持股 51%，是公司最大的股东。听到这一消息，刘畅大为震惊，但事情已成定局，刘畅已经失去了对公司的控制权。

在合伙创业过程中，股权变更、股权稀释等都可能会导致创始人失去对公司的控制权，为避免这种风险，创始人就要在公司发展前期做好制度上的设计与安排。

那么，创始人如何在创业前期设计自己对公司的控制权呢？解决这个问题最直接的方法是保证创始人持有公司 50% 以上的股权，这样创始人就拥有了股东会上过半数的表决权。但是，随着公司的发展，创始人的股权会在对员工进行股权激励或融资的过程中被稀释，其持有的股权就会被稀释到 50% 以下。为避免这种情况，创始人需要做好以下几个方面，如图 7-6 所示。

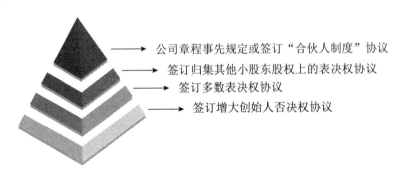

公司章程事先规定或签订"合伙人制度"协议

签订归集其他小股东股权上的表决权协议

签订多数表决权协议

签订增大创始人否决权协议

图 7-6　确保公司控制权的方法

1. 公司章程事先规定或签订"合伙人制度"协议

为了稳固创始人对公司的控制权，在公司章程中应直接明文规定：董事会一定数量的董事（一般过半数）由创始股东团队或创始人委派。

例如阿里巴巴的"合伙人制度"，即由公司的创始团队及现有核心高管组成合伙人会议，由合伙人会议提名公司多数董事，而不是按照各股东持有股份比例分配董事提名权。这样，即使创始团队或核心创始人拥有再少的股权，也能控制董事会，从而拥有公司的运营决策权。

2. 签订归集其他小股东股权上的表决权协议

归集其他小股东股权上的表决权就是公司核心创始人将其他小股东的表决权拿过来由核心创始人统一表决，这样可以增大创始人在股东会上实际控制的股权表决权的数量。归集的具体方式如下。

（1）一致行动协议约定或有效表决权委托，即小股东签署授权委托书，将其所持股权的表决权排他性地授予核心创始人行使。这种归集方式操作起来比较简单，但是不够可靠。

（2）小股东通过一家持股实体（有限责任公司或有限合伙）间接持有公司股权，创始人通过成为该持股实体的法定代表人、唯一董事、唯一普通合伙人或执行事务合伙人的方式实际控制并行使持股实体所持有的公司股权的表决权。这种归集方式虽然复杂，但更为稳定可靠。

3. 签订多倍表决权协议

多倍表决权是通过增大创始人所持股份表决权数量来增大其在股东会表决时的权重，亦称为 AB 股结构，同股不同权。目前以国内科创板为代表的资本市场，包括香港资本市场均已经逐步开始接受这个股权结构。

多倍表决权的具体操作方式：其他股东所持股份仍为"一股一票"，但创始人所持股份为"一股数票"（如一股十票）。

4. 签订增大创始人否决权协议

如果说上面 3 种方式是增加创始人股东控制力的进攻性策略，那么创始人否决权则是增大创始人股东控制力的防御性策略，这种策略能很好地弥补上述方式的漏洞。签订了创始人否决权协议之后，公司如果发生重大事件，必须得到创始人的同意或赞成表决方可通过并实施。重大事件包括：解散；清算；分立；合并；出售控制权或大部分资产；主营业务变更；重大对外并购；公司预算决算；变更董事会组成规则或人员；聘请与更换审计师；上市；重大人事任免；股权激励等。

第 8 章

人事风险：

劳动争议最容易"一地鸡毛"

人事风险是公司经营面临的主要风险之一，劳动合同不完善、员工管理不当等都会引发劳动争议。为此，公司需要了解人事管理中的各种注意事项，正确处理问题，合理规避人事风险。

57 劳动合同不完善引发风险

2020 年 9 月，某公司招聘了一批新员工。在新员工工作一段时间后，为提高员工的工作能力，公司将这批新员工送到总部培训，为期 3 个月。在此期间，公司依旧向其支付基本工资。谁知培训结束两个月后，有几名员工向公司申请辞职，公司自然不同意，协调无果。30 天之后，这几名员工离开了公司。为此，公司不仅浪费了培训资源，损失了一笔资金，更浪费了时间成本。

以上案例，就显示了劳动合同不完善引发的风险。如果公司计划对员工进行培训，那么可以提前与员工约定好违约条款，规定员工在多长时间之内不能离职，如果员工执意离职，那么公司就可以依照违约合同要求员工承担赔偿责任。

为规避劳动合同不完善导致的风险，公司在与员工签订劳动合同时，需要注意以下几点，如图 8-1 所示。

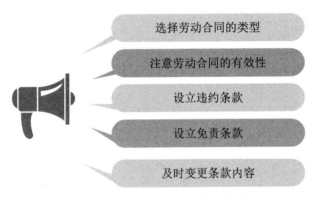

选择劳动合同的类型

注意劳动合同的有效性

设立违约条款

设立免责条款

及时变更条款内容

图 8-1　签订劳动合同的注意事项

1. 选择劳动合同的类型

劳动合同分为固定期限劳动合同、无固定期限劳动合同和单项劳动合同。

（1）固定期限劳动合同。固定期限劳动合同是指公司与员工约定合同终止时间的劳动合同，是一种最常用的劳动合同。

（2）无固定期限劳动合同。无固定期限劳动合同是指公司与员工约定无确定终止时间的劳动合同。《劳动合同法》第十四条规定："用人单位与劳动者协商一致，可以订立无固定期限劳动合同。有下列情形之一，劳动者提出或者同意续订、订立劳动合同的，除劳动者提出订立固定期限劳动合同外，应当订立无固定期限劳动合同：

（一）劳动者在该用人单位连续工作满十年的；

（二）用人单位初次实行劳动合同制度或者国有企业改制重新订立劳动合同时，劳动者在该用人单位连续工作满十年且距法定退休年龄不足十年的；

（三）连续订立二次固定期限劳动合同，且劳动者没有本法第三十九条和第四十条第一项、第二项规定的情形，续订劳动合同的。

用人单位自用工之日起满一年不与劳动者订立书面劳动合同的，视为用人单位与劳动者已订立无固定期限劳动合同。"

（3）单项劳动合同。单项劳动合同是以完成一定工作任务为期限的劳动合同，是指公司与员工约定以某项工作的完成为合同期限的劳动合同。

具体选择哪一种劳动合同，公司应与员工共同协商确定。

2. 注意劳动合同的有效性

《劳动合同法》第二十六条规定："下列劳动合同无效或者部分无效：

（一）以欺诈、胁迫的手段或者乘人之危，使对方在违背真实意思的情况下订立或者变更劳动合同的；

（二）用人单位免除自己的法定责任、排除劳动者权利的；

（三）违反法律、行政法规强制性规定的。

对劳动合同的无效或者部分无效有争议的，由劳动争议仲裁机构或者人民法院确认。"

3. 设立违约条款

违约条款应当包括服务期以及保密事项等约定。

我国人力资源和社会保障部发布的《关于违反〈劳动法〉有关劳动合同规定的赔偿办法》第四条规定：劳动者违反规定或劳动合同的约定解除劳动

合同，对用人单位造成损失的，劳动者应赔偿用人单位下列损失：

（一）用人单位招收录用其所支付的费用；

（二）用人单位为其支付的培训费，双方另有约定的按约定办理；

（三）对生产、经营和工作造成的直接经济损失；

（四）劳动合同约定的其他赔偿费用。

同时，《劳动法》第一百零二条规定："劳动者违反本法规定的条件解除劳动合同或者违反劳动合同中约定的保密事项，对用人单位造成经济损失的，应当依法承担赔偿责任。"《关于违反〈劳动法〉有关劳动合同规定的赔偿办法》第五条进一步规定："劳动者违反劳动合同中约定的保密事项，对用人单位造成经济损失的，按《反不正当竞争法》第二十条的规定支付用人单位赔偿费用。"

公司可以根据上述规定在劳动合同中设立相关违约条款保护自己的权益。例如，《劳动合同法》第二十二条规定："用人单位为劳动者提供专项培训费用，对其进行专业技术培训的，可以与该劳动者订立协议，约定服务期。

劳动者违反服务期约定的，应当按照约定向用人单位支付违约金。违约金的数额不得超过用人单位提供的培训费用。用人单位要求劳动者支付的违约金不得超过服务期尚未履行部分所应分摊的培训费用。

用人单位与劳动者约定服务期的，不影响按照正常的工资调整机制提高劳动者在服务期期间的劳动报酬。"

另外，对于掌握公司机密的创业合伙人或者核心员工，公司可以设定保密条款和竞业限制条款。事先约定违约条款可以保护公司的合法权益不受损害。

4. 设立免责条款

有的公司实力较弱，很难将员工入职之前的工作经历掌握清楚。如果员工刻意隐瞒事实，那么公司很有可能无法察觉，这会导致公司可能在未来因竞业限制等原因承担连带赔偿责任。为规避这种风险，公司需要提前在劳动合同上添加免责条款。

例如，公司可以在劳动合同中规定："乙方员工向甲方公司保证，乙方在进入甲方公司工作之前，与其他任何机构和个人不存在或者已解除劳动关系；无任何违法行为和民事与刑事纠纷。如存在隐瞒上述事实的行为，一经查实，甲方有权终止本合同，且造成的一切法律后果由乙方承担，与甲方无关。"

5. 及时变更条款内容

如果员工的岗位、薪资等发生变化，那么公司应及时变更劳动合同中的相关条款内容，避免因此产生劳动纠纷。

58 员工入职提供虚假简历，是否可以开除

近年来，公司和员工就简历造假问题产生劳动纠纷的事件屡见不鲜。那么，当公司发现员工简历造假时，是否可以因此与其解除劳动关系？

案例一：

2020 年 6 月，刘某入职某互联网公司担任营运经理，双方签订了为期 3 年的劳动合同。2020 年 11 月，该公司向刘某发出辞退通知书，原因是公司发现刘某于入职时提交了虚假简历，在应聘申请表和员工登记表中填写的内容存在学历造假行为，严重违反了公司规定。公司因此要求和刘某解除劳动关系。

刘某不服，提起诉讼。在法庭上，该公司出示了刘某学历造假的证据，而刘某则表示，学历并非录用条件，并且入职以来，公司并没有对其工作能力产生异议，因此请求恢复原劳动关系。

法院认为，应聘申请表和员工登记表中都要求所填信息必须真实，刘某有如实告知义务，应如实填写个人信息。刘某的行为存在虚报信息的情形，违反了该公司员工手册和应聘申请表等文件的规定，因此该公司以此解除劳动合同不违反法律规定。

案例二：

A 劳务派遣公司与 B 科技公司签订了劳务派遣协议，约定由 A 公司向 B 公司派遣员工，B 公司为用工单位。2020 年 9 月，B 公司拟聘用孙某为 A 公司的产品经理，A 公司应其要求与孙某签订劳动合同。2020 年 12 月，两家公

司查询孙某人事档案，发现其此前应聘时提供的简历信息存在造假问题，学历与工作经历都是虚假的，因此请求法院判定 A 公司与孙某签订的劳动合同无效。

法院认为，两家公司未在劳动合同中约定录用条件，也未要求孙某填写履历以固定证据，甚至没有要求孙某提供学历、工作经历证明，未对其真实情况进行核实，因此对其主张不予支持。

为什么同样是虚假简历引发的劳动合同纠纷，审判结果却完全不同？

许多公司在招聘员工时往往会要求其填写员工登记表、应聘申请表等，并在员工手册中将劳动者隐瞒或伪造履历等纳入公司规章制度"严重违纪"范畴，约定其法律责任。

《劳动合同法》第三十九条规定："劳动者有下列情形之一的，用人单位可以解除劳动合同：（二）严重违反用人单位的规章制度的。"因此，如果公司与员工约定了必须遵守的规章制度，那么员工违反规章制度时，公司就有依据与其解除劳动合同。

同时，公司在招聘员工时须要求对方提供学历及工作证明。如果公司像案例二中的两家公司一样，没有对此进行要求或核实，在招聘时存在重大过失，也没有在劳动合同中约定录用条件，那么一旦发生虚假简历问题，法院在审判中往往不予支持。

59 合同约定员工违约金，此条款有效吗

王某是某公司技术经理，2019 年 10 月，双方签订了劳动合同。合同中约定：王某需对公司的生产安全负责，积极维护公司设备，如违约，则需赔付公司 10 万元。2020 年 3 月，公司生产设备因操作不当发生严重损坏，导致公司损失 100 余万元。2020 年 6 月，王某向公司提出解除劳动合同。此时公司以王某严重失职，使公司遭受重大损失为由，对其罚款 10 万元。2020 年 7 月，双方解除劳动关系，公司仍欠王某工资 5 万元。随后，王某以公司拖欠工资为由提起仲裁，而公司也以王某违反合同约定，给公司造成损失为由，要求王某赔偿损失。

庭审中，双方均陈述了事实并表达了自己的观点。王某认为，劳动合同中约定的违约金没有法律依据，公司则认为，王某与公司签订劳动合同就意味着其接受了这一约定，公司付给王某高薪也是以王某遵守劳动合同中的义务为前提的。

仲裁庭认为，根据《中华人民共和国行政处罚法》（以下简称《行政处罚法》）第九条规定，罚款是行政处罚的种类之一，只能由行使国家行政权力的行政管理机关或者法律授权行使行政权力的机构行使。公司对王某作出10万元罚款处罚的依据是双方签订的劳动合同，但《劳动合同法》第二十五条规定，除《劳动合同法》第二十二条规定的专项培训费、第二十三条竞业禁止中用人单位可以约定违约金外，用人单位不得与劳动者约定违约金，因此，该公司和王某约定的违约条款违反法律规定，属于无效条款。

最终，在调解不成的情况下，仲裁庭裁决公司10天内支付王某应得工资5万元，驳回公司的其他请求。

如上述案例中所示，一些公司为避免遭受不必要的损失，会在劳动合同中与员工约定违约条款和违约金，那么，这样的条款有效吗？

违约条款是否有效要看其是否符合《劳动合同法》的规定。《劳动合同法》第二十五条规定："除本法第二十二条和第二十三条规定的情形外，用人单位不得与劳动者约定由劳动者承担违约金。"

第二十二条规定："用人单位为劳动者提供专项培训费用，对其进行专业技术培训的，可以与该劳动者订立协议，约定服务期。

劳动者违反服务期约定的，应当按照约定向用人单位支付违约金。违约金的数额不得超过用人单位提供的培训费用。用人单位要求劳动者支付的违约金不得超过服务期尚未履行部分所应分摊的培训费用。

用人单位与劳动者约定服务期的，不影响按照正常的工资调整机制提高劳动者在服务期期间的劳动报酬。"

第二十三条规定："用人单位与劳动者可以在劳动合同中约定保守用人单位的商业秘密和与知识产权相关的保密事项。

对负有保密义务的劳动者，用人单位可以在劳动合同或者保密协议中与劳动者约定竞业限制条款，并约定在解除或者终止劳动合同后，在竞业限制期限内按月给予劳动者经济补偿。劳动者违反竞业限制约定的，应当按照约定向用人单位支付违约金。"

据以上条款可知，当劳动合同中约定的违约金条款符合上述两种情形时，条款有效，员工需要承担违约责任。除此以外在其他情形中约定违约金的行为都是无效的，没有法律支持。

60 约定保密义务在离职后任何时间都有效，这样合法吗

许多公司，尤其是高新技术行业的公司，都会要求员工签署保密协议，要求员工不泄露公司商业机密和技术参数等。一般而言，保密协议中会规定员工离职后保密的期限，那么，如果约定保密义务在员工离职后任何时间都有效，这样合法吗？

许多公司认为员工在离职之后，或者在约定的保密期限结束后就不再负有保密义务，这样的认识是不全面的。无论员工在任职期间还是离职后，都有保守保密协议中的商业秘密的义务。

员工离职之后，如果公开公司的商业秘密或使用公司的核心技术，就会构成侵权，严重的还会构成侵犯商业秘密罪。很多公司通常将保密期限约定为员工离职后的两年内，这样的约定可能会造成员工的误解，使其认为过了约定期限后就可以公开或使用商业秘密了。因此，公司应对保密信息进行区别约定，如保密内容为一般保密信息，可约定 2 年或 3 年的保密期限；如保密内容为公司的核心机密，则约定的保密期限应为任职期间及离职后无限期期间。

公司与员工签订的保密协议应包括以下内容。

（1）员工在未经许可的情况下，不得将商业秘密透露给第三方或擅自使用。

（2）员工不得将含有保密信息的资料、实物等带出保密区域。

（3）员工不得在与任何第三方交流时提到合同规定的商业秘密。

（4）保密信息应当在合同终止后交还。

（5）保密期限。

此外，根据《劳动合同法》的规定，除了员工违反服务期约定或违反竞业限制义务两种情形之外，公司不得与员工约定违约金。因此，保密协议中不得约定员工违约的违约金，但是可以要求员工赔偿由此给公司造成的损失。

61 试用期内公司可以随时解除合同吗

公司在招聘员工时都会约定试用期限，在员工试用期间，双方都有解除劳动合同的权利。一些公司在员工试用期间与其约定的权利义务比较松散，同时，对员工稍有不满就要解除劳动合同。那么，公司可以在员工试用期内随时解除劳动合同吗？

《劳动合同法》第二十一条规定："在试用期中，除劳动者有本法第三十九条和第四十条第一项、第二项规定的情形外，用人单位不得解除劳动合同。用人单位在试用期解除劳动合同的，应当向劳动者说明理由。"

第三十九条规定：劳动者有下列情形之一的，用人单位可以解除劳动合同：

（一）在试用期间被证明不符合录用条件的；

（二）严重违反用人单位的规章制度的；

（三）严重失职，营私舞弊，给用人单位造成重大损害的；

（四）劳动者同时与其他用人单位建立劳动关系，对完成本单位的工作任务造成严重影响，或者经用人单位提出，拒不改正的；

（五）因本法第二十六条第一款第一项规定的情形致使劳动合同无效的；

（六）被依法追究刑事责任的。

第四十条规定：有下列情形之一的，用人单位提前三十日以书面形式通知劳动者本人或者额外支付劳动者一个月工资后，可以解除劳动合同：

（一）劳动者患病或者非因工负伤，在规定的医疗期满后不能从事原工作，也不能从事由用人单位另行安排的工作的；

（二）劳动者不能胜任工作，经过培训或者调整工作岗位，仍不能胜任工作的；

（三）劳动合同订立时所依据的客观情况发生重大变化，致使劳动合同无法履行，经用人单位与劳动者协商，未能就变更劳动合同内容达成协议的。

总之，在员工试用期内，公司解除劳动合同的条件是必须证明劳动者在试用期间不符合录用条件。公司如果在员工试用期内解除劳动合同，则需要向员工说明理由。如果公司没有证据证明员工不符合录用条件，则不能解除劳动合同。

究竟怎样才是"不符合录用条件"？如果公司在签订劳动合同时，没有向员工明确公示其所在岗位存在着哪些情况符合解除合约的未录用条件，那么公司则不能以"不符合条件"为由随意解除合同。

如果公司单方提出解除合同，或因裁员等重大变动辞退试用期员工，那么需要提前 30 天以书面形式通知员工本人或者额外支付其一个月工资后，才可以解除劳动合同。

62 合同到期后不续签，有什么后果

劳动合同期限短则几个月到一年，长则十几年，在劳动合同到期之后，如果公司还想与员工合作，就需要与员工续签合同。但有些员工愿意工作又不续签合同，或者公司疏于管理，没有及时和员工续签合同。那么，劳动合同期满不续签存在哪些风险？

在劳动合同期满之前，对于是否与员工续签劳动合同的问题，公司需要尽早作出决策。如果公司不想与员工续签劳动合同，应提前书面通知员工，同时在劳动合同到期时与员工办理合同终止手续。如果公司既没有和员工续签劳动合同，又没有办理终止手续，则会形成事实劳动关系。在形成事实劳动关系之后，公司再与员工解除劳动关系，就需承担更多的法律风险。

例如，周子鸣在某科技公司工作，在其劳动合同还差 1 个月到期时，他向公司提交了一份续签劳动合同的书面申请，但公司并没有理会。劳动合同到期后，公司没有提出终止合同，也没有提出续签合同，周子鸣依旧去上班。这样持续 3 个月后，公司突然找到周子鸣，表示要与其解除劳动关系。

周子鸣不接受这一结果，他认为公司在劳动合同到期前没有表示是续签还是终止，合同到期后，让他工作又不续签合同，工作3个月后又要解除劳动关系，公司需要对这种行为负法律责任。

在以上案例中，公司需要承担哪些责任呢？《劳动合同法》第八十二条规定："用人单位自用工之日起超过一个月不满一年未与劳动者订立书面劳动合同的，应当向劳动者每月支付二倍的工资。用人单位违反本法规定不与劳动者订立无固定期限劳动合同的，自应当订立无固定期限劳动合同之日起向劳动者每月支付二倍的工资。"

第四十七条规定："经济补偿按劳动者在本单位工作的年限，每满一年支付一个月工资的标准向劳动者支付。六个月以上不满一年的，按一年计算；不满六个月的，向劳动者支付半个月工资的经济补偿。

劳动者月工资高于用人单位所在直辖市、设区的市级人民政府公布的本地区上年度职工月平均工资三倍的，向其支付经济补偿的标准按职工月平均工资三倍的数额支付，向其支付经济补偿的年限最高不超过十二年。

本条所称月工资是指劳动者在劳动合同解除或者终止前十二个月的平均工资。"

根据以上法律规定，在上述案例中，公司需要向周子鸣支付双倍工资和经济补偿。由此可知，合同到期后不续签存在法律风险，为规避这种风险，公司就需要及时作出决策，与员工终止合同或者续签合同。

63 员工有工伤保险，公司还需要再赔钱吗

员工在工作中受伤是难免的事，员工发生工伤后，公司应该为员工申请工伤认定，只有认定成功后才能获得工伤保险的赔付。那么当员工有工伤保险时，公司还需要再赔钱吗？

工伤赔偿的项目多种多样，在这些项目中，工伤保险基金和公司各负责不同的赔偿项目。具体而言，公司支付的项目包括：工伤职工治疗期间的停工工资；工伤职工伤残评定以后，五级、六级伤残的伤残津贴和五到十级伤

残的一次性伤残就业补助金、在职伤残补助金等。

因此，除了工伤保险的赔偿外，公司也需要依照法律规定向员工支付赔偿金。同时，公司需要支付的赔偿金的数额也是有法律规定的。

《工伤保险条例》第三十七条规定："职工因工致残被鉴定为七级至十级伤残的，享受以下待遇：

（一）从工伤保险基金按伤残等级支付一次性伤残补助金，标准为：七级伤残为 13 个月的本人工资，八级伤残为 11 个月的本人工资，九级伤残为 9 个月的本人工资，十级伤残为 7 个月的本人工资；

（二）劳动、聘用合同期满终止，或者职工本人提出解除劳动、聘用合同的，由工伤保险基金支付一次性工伤医疗补助金，由用人单位支付一次性伤残就业补助金。一次性工伤医疗补助金和一次性伤残就业补助金的具体标准由省、自治区、直辖市人民政府规定。"

64 考勤表、工资单不让员工签字确认有问题吗

有的公司人事制度不完善，没有让员工签字确认考勤表、工资单等的程序，公司这样做存在哪些风险？

如果公司与员工产生了劳动纠纷，公司在举证时，工资单、考勤表等没有员工的签字，那么这些证据就无法被认可，公司也可能会因此败诉。

案例一：考勤表无员工签字无效力

刘某在某装饰公司上班，在劳动合同期未满时接到了公司解除劳动合同的决定。随后刘某申请劳动仲裁，要求公司支付其加班工资、未休年假工资。该公司并不买账，并将此案件诉讼至法院。

审理过程中，该公司出具了刘某的考勤表、打卡记录、打卡机记录的出勤情况等，以证明其已休年假，但考勤表上并没有刘某的签字。对于以上证据，刘某均不认可。

据此，法院认定刘某未休年假，判决该公司依法支付刘某带薪年假工资差额。

案例二：工资单无员工签字无效力

钱某与某设计公司终止劳动合同后不久，以该公司未支付其法定节假日加班工资为由提起劳动仲裁。仲裁委裁决支持钱某的请求，该公司不服，将此事诉讼至法院，要求撤回对钱某的加班工资赔偿请求。

审理过程中，公司表示钱某的确加过班，但公司已依法向其支付过加班工资，并出具了钱某的工资单汇总表进行举证，证明钱某已得到各类加班工资。但该工资单上没有钱某的签字，钱某也对此进行了否认。

据此，法院裁定公司存在拖欠钱某加班工资的情况，并判决钱某胜诉。

为什么在许多劳动争议案中，即使公司出具了工资单、考勤表等证据，但还是会败诉呢？原因就在于没有员工签字的考勤表、工资单没有效力。

《劳动人事争议仲裁办案规则》第十三条规定："当事人对自己提出的主张有责任提供证据。与争议事项有关的证据属于用人单位掌握管理的，用人单位应当提供；用人单位不提供的，应当承担不利后果。"

考勤表、工资单等是公司保管和掌握的，存在被伪造、篡改的可能，对员工一方的权益不利，因此应由员工签字确认其真实性。如果公司仅提供无员工签字的考勤表、工资单等证据，而且员工一方持否认态度，那么法院就不会认可这些证据。

公司应如何避免此类风险？最重要的就是做到规范化管理，健全各项规章制度，如加班审批制度、考勤管理制度等。同时，公司应依照制度规范，让员工对考勤表、工资单等进行签字确认，以此留存有效证据。

65 员工不辞而别，公司应该如何处理

许多公司都遇到过这种情况：某员工突然不辞而别，公司联系员工时，要么电话难以接通，要么员工会给出一些理由不来上班。员工与公司签订了

劳动合同，存在劳动关系，如果员工没有办理相关的离职手续就不辞而别，公司也没有任何处理措施，一旦员工发生意外情况，公司就需要为之负责。为规避此类风险，公司应做好以下几个方面工作。

当公司发现员工不辞而别时，首先应该向员工寄送一份催告函，催告员工返回公司上班，并向员工表明，如果遇到了特殊情况，应向公司说明缘由，办理请假手续。此外，公司还应通知员工，如果其既不请假，也不返回公司，那么公司有权单方面解除劳动合同。

其次，公司需要根据催告函发出后的反馈情况进行相应的处理。如果员工收到催告函后返回公司，则按照公司规章制度对其擅自离岗的行为进行处罚；如果员工收到催告函后依然没有回公司上班，那么公司可与其解除劳动关系。

最后，公司需要向员工邮寄解除劳动合同通知书。在寄送通知书之前，公司需要与员工取得联系，最好让员工来公司办理离职手续。如果员工不能来办理离职手续，公司可以将离职协议等需要员工签字的材料寄送给员工，并让员工签好字后寄回公司。

如果因为员工擅自离职而给公司造成了经济损失，那么公司可以向员工索赔。《关于企业处理擅自离职职工问题的复函》中规定，未经企业同意，擅自离职的职工给企业造成损失的情况，可视其给企业造成损失的大小，责令其给予企业一定的经济赔偿。

66 员工下班后发生交通事故，是否为工伤

我国的法律法规对于工伤认定的范围有着明确的要求，那么，员工在下班途中发生交通事故是否为工伤？答案是肯定的。具体而言，《工伤保险条例》第十四条规定："职工有以下情形之一的，应认定为工伤：（六）在上下班途中，受到非本人主要责任的交通事故或者城市轨道交通、客运轮渡、火车事故伤害的。"

其中要特别注意，在工伤认定时需考虑下列 4 个必备要素。

（1）上下班的规定时间：包括正常上下班途中、加班的上下班途中、公司同意请假的提早下班途中等。

（2）上下班的必经路线：包括往返于工作地与住所地、公司宿舍等的合理路线；往返于工作地与配偶、父母、子女居住地的合理路线等。

（3）非本人主要责任：在事故中员工本人不负主要责任的，才能够被认定为工伤，如果因员工本人主要责任的交通事故受到伤害，则不属于工伤。

（4）机动车事故：包括员工驾驶或乘坐机动车发生事故、员工因其他机动车事故受伤等。

如果员工在交通事故中满足上述条件，那么就能够被认定为工伤。公司应在事故发生 30 天内，向劳动保障部门提出工伤认定申请。

67 仅交接工作，就批准离职的风险

按照《劳动合同法》的规定，公司应该为员工购买基本的保险，包括养老保险、医疗保险、失业保险、工伤保险、生育保险。事实上，如今的大多数公司也做到了这一点。如果员工提出离职申请后，公司仅仅是要求员工完成交接工作，就批准其离职请求，而忽略了这些保险的处理，就会给公司带来一些风险。除此之外，还有一些情况如果未能及时处理，也会给公司带来风险。

1. 保险风险

在办理保险业务时，如果是当月 5 ～ 25 日办理，则下月生效。这也就意味着，如果员工申请离职的时间在这个时间段外，公司就会面临为员工多交一个月保险费的风险。这对公司来说，是一种经济损失。尤其是面对离职员工较多的情况时，更是如此。所以，公司在审批员工离职申请的时候，应尽量将离职时间定在月末。

2. 违规违章风险

不排除这样一种可能，员工做了违反公司规章制度的事情，但公司还未发现。为了躲避公司的追究，员工提出了离职申请。如果员工违反的规章制度涉及公司机密，事态就非常严重了。从这一点来看，公司应该对提出离职申请的员工进行了解和调查。否则，一旦批准员工离职后，事情处理起来将会变得更加复杂。

3. 泄密风险

公司仅仅要求员工完成工作交接，就批准员工的离职请求，而不与其签订相应的保密协议等协议，那么员工有可能会将公司的机密信息泄露给下一家公司。由于未签订相关协议，即使公司要通过法律途径维权，也处于极度被动的状态。因此，公司对待员工离职问题要谨慎。俗话说"口说无凭"，为了保障公司的合法权益，涉及公司利益的问题，应签署书面协议予以保障。

4. 未签订离职证明的风险

离职证明是证明公司已经与员工解除雇佣关系的材料，它具有法律效应。如果公司不与员工之间签订这一证明，当员工再应聘到下一家公司工作时，就会出现员工同时与两家公司存在雇佣关系的局面。一旦员工在工作中出现意外，他可以向两家公司同时索取赔偿。而这对于前一家公司来说，显然是不公平的。所以，除了要求离职员工完成工作交接任务外，还应该与他们签订离职证明，并存入离职员工档案。

5. 提前让员工离职的风险

有些公司规定，只要离职员工是提前 30 天提出离职申请的，那么工作交接完毕就可以离开公司，没有必要等到 30 天之后。公司的这项规定看似比较人性化，实则给公司带来了隐患和风险。因为如果员工在这期间出了意外情况，其责任依然由公司负责，即便员工实际上已经离开了公司。

关于员工离职的问题，《劳动合同法》中有明确的要求和规定。公司应严格按照《劳动合同法》的要求办理离职手续。如果员工向公司提出了超过《劳动合同法》规定的要求或请求，且没有损害到公司的利益，公司可以酌情答应。但是，公司方面应该通过与员工签订书面协议的方式来保障自己的合法权益。

第 9 章

管理风险：

公司既要"走得快"也要"走得稳"

管理风险指的是创业者或创业者选择的管理人员管理不善所产生的风险。管理风险对于公司的影响是十分巨大的，往往一个错误的决策会为公司发展埋下巨大的隐患。在管理公司过程中，创业者除了要追求公司的发展速度之外，也要保证公司发展的稳定性。

制度不完善引发风险

很多公司在创立之初，由于创业者的能力和个人魅力出众，即使没有规范的公司制度，员工也愿意与创业者一起努力。但当公司发展壮大之后，如果依然没有规范的制度，就会滋生一系列不平等事件，引发员工之间的矛盾，引发公司管理的风险。

李林创立了一家互联网公司，经过 3 年多发展，公司规模不断扩大。但李林没高兴多久，公司就出现了问题。公司的 3 名骨干陆续辞职，让公司的运作一下子陷入了困境。他很不解，这 3 名骨干都曾为公司立下汗马功劳，和自己经历了很多创业路上的风雨，为什么现在公司发展了，对方却要走了？

后来，李林经过一番调查才知道，原来是自己的管理出了问题，没有做到赏罚分明。刚创业的时候，条件艰苦，大家一起艰苦奋斗，谁也没觉得不公平。后来产品研制成功，经营慢慢转好，自己能赚多少就拿多少报酬，也没人心生怨言。

但现在公司发展壮大了，李林依旧沿用以前的管理制度，有些技术骨干为了公司的核心项目不分昼夜地工作，为公司的技术创新、产品开发付出了很多心血，但最终得到的报酬却与普通员工差别不大。由于公司没有统一的考核标准，很多技术骨干觉得自己的付出与收入不符，长此以往，他们的心里越来越感到不平衡，最后纷纷选择离开。

公司管理离不开完善的制度，没有制度为依据，创业者就无法对员工进行公平公正的管理。很多公司由于缺乏制度约束，员工各行其是，创业者难以对员工进行科学的评判，导致公司内部矛盾丛生。

相比之下，有些公司在创办之后就建立了健全的管理制度。员工在制度约束下行事，创业者对员工的管理也有据可依，公司能够在和谐稳定的状态下不断发展。因此，创业者必须要建立好完善的公司制度，如财务制度、考核制度、培训制度、薪酬制度等，以保证决策的科学性。

同时，建立完善的制度并不意味着制度越多越好。制度铺天盖地，也会导致公司管理失控，引发管理风险。

经过多年打拼，李元创立了一家网络游戏公司。公司创立之初，管理十分松弛，没有详细的管理制度，公司发展十分艰难。李元在员工的建议下，建立了方方面面的规章制度。在各部门的积极响应下，新的规章制度很快进入实施阶段，员工对制度的执行力非常强，希望能推动公司的发展，但结果却让人大失所望。

李元不得不重新审视新制定的制度。他发现这些制度虽然很详细，但同时也很杂乱，同一件事情业务部门要管，生产部门也要管，有些制度既涉及生产管理条例，又涉及后勤管理条例，这些都降低了公司的运作效率。

为了解决这一问题，李元对公司制度进行了精简梳理，制定出一个明确完整的制度体系，公司的运作也开始走向正轨。

铺天盖地的制度会让管理变得琐碎、杂乱，降低公司的运作效率。制度设计是必要环节，但在设计过程中要把握关键要素，有全局性的安排，以提升效率、增长效益为前提。为了盲目追求制度管理而制定过多制度的做法是错误的。创业者要建立一个完善、明确、精简的制度体系，才能发挥制度的效力，真正提升管理水平。

69 有制度，更要有执行

创业者在制定了制度之后，就要坚决执行，有制度不执行也会引发公司的管理风险。

2019年10月，孙奇创办了一家小型电商公司。2020年6月，公司因经营不善陷入危机。随后，该公司被业内一家大型电商公司看中并收购。

孙奇认为公司陷入经营危机是因为没有优质的产品和丰富的营销管理经

验。但这家大型电商公司收购孙奇的公司后，并没有进行产品和营销方面的调整，甚至没有更换公司的设备或者裁员，而是要求员工严格执行公司此前制定的方针和规章制度。在这之后仅仅过了一个季度，公司就开始转亏为盈。

同样的公司，只是换了管理人员，为什么会有这么大的差距？最关键的一点就是执行，也就是将制度落实到位。任何一项工作、任务能够完成，都是紧抓执行的结果，制度不能只写在纸上，更要从纸上"走"下来，落实到日常工作中。如果没有执行，再完善的制度也是一纸空文，发挥不出其应有的作用。

总之，有制度，更要有执行。创业者一定要将制度落实到工作中，以此规避公司管理过程中的诸多风险，保证公司的正常运作。

70 "家长制"管理模式盛行，缺乏科学决策机制

许多创业者虽然创立了公司，但并不懂如何管理公司，不懂得使用更先进的、科学的管理模式，仍通过落后的"家长制"管理模式管理企业，表现为在管理中任人唯亲、唯我独尊并喜欢主观臆断。这些"家长制"管理方式的弊端是十分明显的，会导致企业管理水平低下，引发企业管理危机。

1. 任人唯亲式

"家长制"管理模式的第一个表现就是采用任人唯亲式的管理方式，即在财务、人事等方面任用自己的亲属。这些创业者往往看不到公司中能力、品行突出的员工，在关键岗位的任用方面，只会任用自己的亲属，哪怕亲属的能力并不突出。而这样的做法往往会为企业带来巨大风险。

某上市公司在此前成立的 20 年里一直发展得很稳定，前景也十分可观，但其创始人没有选择大家认为的最优秀的员工，而是任命其缺乏管理经验的儿子为公司的接班人。在其儿子接手后的一年时间里，公司非但没有发展，

反而亏损了大笔资金。之后公司每况愈下，最后不得不申请破产。

相反，另一家上市公司的创始人就坚决反对任人唯亲，并且其公司明确规定了员工亲属不得进入公司工作。该创始人认为，如果自己或员工的亲属进入了公司，可能会互相联合起来，形成不同的利益团体，这对公司的发展是极为不利的。正是因为该创始人的这种坚持，其公司的其他员工也会将自己的亲属拒之门外。该创始人退休时，挑选了大家公认的有管理能力和管理经验的员工来管理公司，这使得公司历经几十年沉浮依旧欣欣向荣。

2. 唯我独尊命令式

"家长制"管理模式的第二个表现就是唯我独尊命令式管理，这也是不可取的。

首先，命令式管理方式意味着创业者与员工间沟通的缺失，创业者下达命令，员工就需要按部就班地执行这个命令。员工对命令缺乏思考，只是在盲目执行，在这种情况下，若是命令执行过程中出现了意外，员工也无法在最短的时间内作出正确的反应。

其次，命令式管理很大程度上表现了创业者的意志，员工的执行每一个步骤都是被规定好的，这严重限制了员工主观能动性的发挥，也难以激发员工的工作潜力。对于劳动型员工而言，多一点命令或许无可厚非，但对于技术型、研发型岗位的员工而言，命令式管理方式无疑会使员工的创造性受到压制。

3. 主观臆断式

"家长制"管理模式的第三个表现就是主观臆断式管理，这也是创业者需要避免的。在管理员工过程中，创业者常常受到主观因素影响，以主观猜测去做决定，这极大地影响了决策的科学性。

创业者在评判事情或选择人才时也可能会犯过于主观的错误。这必定会给管理工作造成不利影响，难以发挥员工特长，无法实现人尽其用。同时，员工在工作中出现错误是难免的，而出现错误的原因可能是多方面的，如果创业者仅凭主观猜测就认为是员工自身的问题，那么这种非常片面的评价极易造成管理者与员工之间的矛盾。

徐亮创办了一家纺织公司，经过几年发展，公司的业务不断扩张。王鑫是该公司的一名销售员，工作十分努力，销售经验也十分丰富，连续几个月都是销售冠军。然而，在这个月，王鑫却因为上个月下滑的销售业绩受到了批评。原来，上个月王鑫被调往其他地区负责新地区的销售，而新地区的用户群体并不多，王鑫更需要花费时间来寻找新的客户。这些转变使得王鑫与上个月的销售冠军失之交臂，王鑫也因销售额下滑遭到了徐亮的责备。

王鑫自觉十分委屈，业绩下滑并不是因为自己工作不努力，但是徐亮在评判其工作时却主观地认为其工作不努力。这种责备让王鑫产生了极大的挫败感，此后一个月的销售额依旧没有提升。

上述案例就表明了臆断式管理方式的弊端，除了无法对事情作出正确、客观判断外，也不利于人才的培养。正确的职业生涯规划对于人才的成长具有重要的指引作用，而若是创业者依据自己的主观猜测来安排员工的职位，就无法让员工在合适自己的岗位上发挥出更大的价值。这对于人才的成长和公司的发展而言都是非常不利的。

上述 3 种管理方式都在很大程度上体现了创业者的意志，也大大增加了企业的决策风险，一旦创业者的判断出现失误，那么企业的发展也将受到影响。为规避这种风险，创业者必须摒弃以上不正确的管理方式，摒弃"家长制"管理模式，基于事实、员工反馈等作出正确决策。

71　部门职责不清，缺乏执行力

吴浩是某公司的老板，该公司经过几年发展，规模不断扩大，设有总经理办公室、销售部、生产部、采购部、品管部、总务部、财务部等部门。一天，办公室员工向吴浩反映，办公室上个月采购的一批电脑经常卡顿，存在严重质量问题。

吴浩立即就此事召集采购部、品管部和办公室相关员工召开了会议。在会议中，办公室认为是采购部没有做好调查，导致电脑存在质量问题；采购部则认为是品管部没有尽到质量检查责任；而品管部则表示以往办公室采购的物品都是直接和采购部沟通，品管部此前并没有这方面的职责。

几个部门就此事吵得不可开交，都拒绝承认是本部门的责任，同时也提不出有效的解决方法。吴浩也察觉到了公司管理存在的问题：各部门职责不清，相互推诿，执行力差。

为解决这一问题，吴浩梳理了各部门的职责，规定公司采购的任何物品都要采购部进行数量和质量确认，并由品管部进行质量核查，同时对各部门的其他职责也进行了细化和明确。经过一段时间整顿，各部门之间的协作更加流畅，执行力也大大提高。

如果公司各部门职责不清，就容易产生部门间相互推诿的问题，同时执行力也很差，这些都会引发公司管理的风险。为规避这种风险，创业者有必要明确各部门职责，让各部门的各种行为有据可依。这不仅能够提高各部门的执行力，同时当公司运作出现问题时，创业者也能够根据部门职责精准问责。

72 职能结构不合理，执行效率低

组织职能指的是按计划对企业活动和相关生产要素进行的分派、组合，其在很大程度上决定着计划能否实现。如果企业的职能结构不合理，那么即使创业者制定了科学的战略计划，也得不到有效实施。企业职能结构方面可能存在的问题主要表现在 4 个方面，分别是职能缺失、职能错位、职能弱化、职能交叉。一旦出现以上问题，执行效力必然低下，管理能力也将大打折扣。

1. 职能缺失：职能设置存在缺失

赵刚是某化工企业创始人，在一次例行检查中，他发现销售部门存在一个十分严重的问题——一些订单存在着延期交货的风险。经过和销售部门经理沟通，赵刚了解到，订单延期交货的原因在于生产部门无法按计划完成生产任务。随后赵刚又向生产部门经理了解情况，生产部门经理表示生产任务完不成的原因在于质检部门常常难以及时提供检验结果，并且采购部门有时也无法及时提供原料。

上述案例中，该企业缺乏对流程的管理，也没有相应的部门统一负责管理各部门间的协作。这表明企业的组织职能是存在缺失的。

2. 职能错位：某部门承担了其他部门的职能

郑涵是某贸易公司总经理，最近一段时间，他发现人力资源部门和各业务部门之间的矛盾日益凸显，为解决这一问题，郑涵对两个部门的工作进行了调查。

经过调查，郑涵发现业务部门和人力资源部门的矛盾主要集中在员工考核方面：在当前的考核制度规定中，业务部门员工的考核目标由业务部门下达，但是对员工日常工作情况、目标完成情况进行检查考核的是人力资源部门。人力资源部门负责检查业务部门员工的目标完成情况，为员工的绩效考核评分，而业务部门失去了对员工进行考核的权利。在这种情况下，业务部门的主管和经理往往对员工的业绩表现不管不问，只顾着部门的业务工作。

更糟糕的是，这种制度使业务部门和人力资源部门之间存在很大的矛盾。业务部门认为人力资源部门的检查太多，给部门日常工作造成了很多麻烦，认为本部门是在帮人力资源部门的忙。而人力资源部门也常常抱怨业务部门不配合工作。在出现问题时，双方总是相互推诿、互相指责，导致很多问题找不到明确的负责人，问题久拖不决，严重影响了公司的运行。

这反映出业务部门与人力资源部门在职责分工方面存在错位的问题。绩效考核的目的是实现公司、部门的目标，各部门的考核目标都是由公司目标分解而来的，并且必须经过人力资源部门和业务部门的充分沟通认可后才能够实施。

同时，绩效考核工作涉及两种工作分工：一是绩效考核的组织者，即人力资源部门负责公司绩效方针的制定，并组织、汇总各部门考核情况；二是绩效考核的执行者，即业务部门负责考核的记录、统计、评价、改进等工作。

为保证考核的公平公正性，人力资源部门可以对业务部门的考核执行工作进行检查，但不能代替其工作。如果双方的职能出现错位，工作职责不明，势必会造成种种问题。

3. 职能弱化：某部门的业务能力不足以支撑业务运行

一些企业里可能会存在这种状况：某些部门的工作十分饱和，员工时常加班，而另一些部门的工作却十分轻松。如果企业中存在这样的反差，就说明存在职能弱化的问题。

4. 职能交叉：业务分散在两个或者两个以上部门

职能交叉也是常见的组织问题。例如，某公司刚刚招聘了一批新员工，在正式上岗之前，人力资源部门对其进行了基础培训，同时业务部门也对其进行了业务培训。一段时间后，新员工的整体工作情况不佳，在创业者询问原因时，人力资源部门和业务部门都将责任推到了对方身上，称是对方的培训不给力，而并不反思本部门培训可能存在的问题。

职能交叉在很多企业都是存在的，在业务关联性较强的部门，更容易出现职能交叉。如果在职能交叉的领域出现问题，相关部门往往会相互推诿，推卸责任。

当出现以上 4 种职能问题时，各部门间的工作无法顺利衔接，企业的执行效率自然也会降低，创业者也无法发挥自己的管理能力。为规避以上风险，创业者需要定期对企业职能结构进行诊断，明确各部门是否具有开展本部门业务的能力，同时明确各部门职责，避免企业管理出现交叉地带或真空地带。企业的执行力提高，创业者对于企业的管理才是有效的。

73 未做到专人专事

林子涵是某互联网公司的总经理，由于公司刚刚创立，林子涵缺乏管理经验，因此公司的工作并不好推动。一次，公司接到了一个比较紧急的订单，林子涵召集员工召开了会议，根据订单分配了每个团队的工作。

交货日期临近，林子涵检查工作进度时，才发现员工的工作存在很大问题，有的员工没有按时完成自己的工作，有的员工和其他员工做了重复的工作，还有一些细致的工作根本没人负责。无奈之下，林子涵只得重新调整了员工的工作，但由于前期的失误，订单还是没有按时完成，最终公司支付了一笔违约费用。

随后，林子涵又召开了会议，想弄清楚究竟是哪个环节出现了问题，但当初林子涵只是将工作进行了初步分解并分配到了各团队中，并没有明确每一个员工的工作，因此在会议上，大家互相推诿，不承认自己的工作存在问题。大家争吵不休，林子涵也十分头疼，最终只得自己承担了这笔损失。

上述案例就表明了管理中未做到专人专事的风险。当一个员工负责一件工作时，他必须承担这件工作的责任。但当一个团队完成工作时，责任就被扩大化了。员工难免会有这样的思想：如果出了问题，责任是大家的，不是我自己的。如果团队中每位成员都有这样的思想，那么团队的工作就无法很好地完成。

因此，创业者在将一项工作交给一个团队完成时，一定要将工作细化、责任到人，做到专人专事。这样万一工作出了问题，创业者也能够找到具体的负责人，做到精准问责。

专人专事有助于强化员工责任，避免员工心存侥幸。现实中，有些员工在工作中盲目追求绩效，忽略了工作质量问题，也有些员工为了更快地达到工作目标而知错犯错。而明确了每位员工的职责，工作出现问题也更容易被发现，这就断了员工逃避责任的退路，让员工自觉杜绝心存侥幸的心理，从而对自己的工作更加负责。

为做到专人专事，创业者需要明确部门、团队及员工的工作目标和职责。在这方面，创业者可以让每位员工签订目标责任书。签订目标责任书主要有以下 5 个方面的优点。

（1）提高每位员工的竞争意识、责任意识。

（2）健全公司的竞争机制。

（3）让员工对自己的目标更加重视，给他们施加一定的工作压力，并把这个压力变成动力。

（4）将工作目标和员工职责用书面的形式展示出来，便于创业者对目标执行过程的管理。

表 9-1 是一份目标责任书的模板，创业者在制定责任书的时候可以借鉴此模板。

表 9-1 目标责任书模板

×××× 公司 ×× 项目目标责任书

根据公司总目标，并综合考虑市场竞争、历史业绩、产品实际情况等多种因素，为了充分调动每位员工的工作积极性和工作热情，保证公司总目标能够顺利实现，在公平、公正、自愿的基础上，特别制定出该责任书，并在该责任书中明确每位员工的目标和责任。

一、目标责任人：

二、目标任务：

三、完成目标的时间期限：

四、责任人应尽的义务：

在签订年度目标责任书以后，责任人应该履行以下几项义务。

1. 把完成工作目标作为未来工作的重心，做好规划，勤奋工作，要尽自己最大的努力去完成目标。如果目前的模式存在问题，及时改进，公司也将不定期进行监督、考核。

2. 做好市场分析，及时向主管提交分析报告，为公司战略的制定提供有价值的依据。

3. 严格控制成本，做到不泄露公司机密、不违背职业道德，切实保障公司的利益。

4. 自愿接受部门主管、公司高层等管理者的监督。

5. 在工作过程中，不得做与工作无关的事情，不得从事第二职业，不能损坏公司的声誉。

6. 严格遵守公司的规章制度。

7. 严格遵守国家的法律法规。

五、考核目标的办法

各责任人应该按照工作目标，安排好自己的工作。公司会成立一个或多个考核小组，对各责任人的工作进行考核。

六、奖惩方案

1. 奖励的标准

把完成目标的情况作为奖励的标准。如果 100% 完成了工作目标，那就要获得相应的奖励，奖励数额要根据个人的销售额和利润来确定。

2. 奖励方式

公司可以提供现金、旅游、股份等多种奖励方式，具体方式要由责任人和公司协商决定。

3. 对于没有完成目标的责任人，公司要对其进行考核，根据考核结果决定是否对责任人作出处罚。

监督人： 责任人：

年 月 日 年 月 日

这份目标责任书模板是包含奖励措施的，这就在一定程度上起到了激励员工的作用。如果创业者只把工作目标下达给员工，而没有这份责任书，员工可能只看得到目标而看不到完成目标以后的奖励，这样会极大地降低他们的积极性。有了这份责任书，员工可以明确知道自己可以得到的奖励，在完成目标的时候也就更加有动力。

不当管理引发员工流失风险

员工流失是企业管理中的常见问题，如果企业中存在以下问题，那么就极有可能引发员工流失风险，如图 9-1 所示。

1. 员工工资及福利待遇偏低

人们之所以会选择去工作，其根本原因在于生活所需。当然，这个需要包括物质上的和精神上的。物质上的需要是指工资、福利待遇等方面的，而精神上的需要是指人们常说的自我价值的实现。而且，精神需求一般是建立在物质需求得到满足的基础之上的。所以说，当一个公司的工资水平及福利待遇达不到员工的期望，甚至达不到当时社会的平均水平时，就会引发员工离职风险。

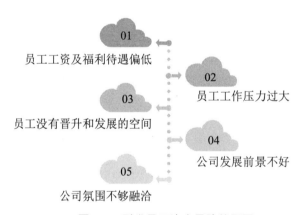

图 9-1 引发员工流失风险的原因

国家会设定一个最低工资标准，当地政府也会根据当地的经济发展情况、物价水平、消费水平等因素设定一个最低工资标准。同时，在资讯爆炸的移动互联网时代，同行业同类型公司岗位的薪资标准也是必须参考的因素。特别是新成立的公司，其制定的薪资标准不仅不能低于国家和当地规定的最低标准，还不能低于同行业同类型公司的标准。否则，就难以招聘到员工，尤其是优秀的员工。即使很幸运地招聘到了员工，最终也会流失。

2. 员工工作压力过大

有些公司虽然给出了较高的工资和福利待遇，但工作任务也非常繁重。本来规定的上班时间是 8 个小时，公司安排的工作任务是 10 个小时也无法完成的，给员工带来了极大的工作压力。毫无疑问，过不了多久，员工就会向公司提出辞职申请。

目前还有一种较为普遍的情况，就是有些公司为了赶进度，要求员工在周末及节假日加班。而且，公司既不按照国家规定支付加班费，也不会给员工安排调休。即使公司的福利待遇再好，长此以往，也会让员工产生不满，最终导致员工流失。

3. 员工没有晋升和发展的空间

员工工作的目的有两个，其中一个就是精神目的，即追求自我价值的实现。如何才能让员工实现自我价值呢？答案就是给员工足够的发展空间。具体来说，就是指为员工提供晋升的机会和空间。如果公司忽略了员工自我实现方面的诉求，没有为他们提供发展的空间和机会，那么自身成长被限制的员工最终会选择离职。

4. 公司发展前景不好

有的创业者为了保护商业机密，从不向员工透露公司的情况，包括业务情况、公司的发展前景等。新一代"90 后"，甚至"00 后"新人走入职场，对于职场工作的认知与需求都发生了很多变化，更需要良好的沟通让员工感受到公司良好的发展前景。否则，在疏于沟通的情况下，员工会对公司产生质疑，会觉得公司没有广阔的发展前景。基于这种心理，很多员工会选择离职。在员工看来，公司发展不好，也就意味着个人没有了发展空间。

创业者可能会认为，新成立的公司竞争力很弱，一旦商业机密被公开，可能会给公司带来灭顶之灾。这种想法固然没错，但公司的员工是与创业者并肩作战的队友，如果不信任他们，他们自然也很难愿意和创业者共同奋斗。并非所有的公司信息都是商业机密，创业者可以有选择性地向员工透露一些消息，以便稳定员工。

5. 公司氛围不够融洽

大多数公司都按照《劳动合同法》的规定，实行 5 天 8 小时工作制，加上中午休息的时间，员工在公司的时间在 10 小时左右。这也就意味着，员工一天中的大部分时间是在公司中度过的。如果公司的办公环境不好，员工自然会选择离开。

除了公司的硬件设施外，公司氛围还包括企业文化氛围及工作氛围。如果创业者的管理过于严苛，给人一种紧张、压抑的感觉，也会给员工造成极大的心理压力，造成员工流失。

美国劳动力市场曾经做过调查，其结果显示：大约 20% 的离职属于必然离职，而必然离职在员工离职整体中所占的比例是稳定且较低的；而剩余的大约 80% 的离职则属于可避免离职，能够减少甚至消灭这部分离职就是公司管理的任务和价值所在。

创业者需要明确员工流失的原因，并对公司现状进行分析。如果存在以上一种或几种现象，或者已经出现了员工严重流失的问题，创业者就需要对症下药，有效降低员工流失率，减少员工流失对公司造成的损失。

75 员工工作不积极，缺乏主动性

张梦是某化妆品公司的总经理，公司经过两年左右的发展，基本趋于稳定，团队也扩大了好几倍。上个月，公司推出了新产品，为使新产品快速打入市场，张梦为销售部门制定了比以往更高的销售目标，以激励员工努力工作。

但一段时间过后，张梦发现销售部门员工的工作情况不如人意，很多上个月表现良好的员工这个月的业绩都有了下滑。张梦看在眼里，急在心头，于是召开了员工会议，对员工业绩下滑的现象提出了批评，并扣除了这些员工当月的奖金。

会议过后，张梦发现员工的工作表现并没有好转，甚至更多的员工出现了业绩下滑的现象。还没等张梦再次召开会议，就有几名员工找到她，表示要辞职。张梦不解，与对方进行了长谈，才发现了自己管理中存在的问题。

原来，因为消费者对新产品并不了解，新产品的销售并不顺利，在较高销售目标压力下，员工的心理压力十分大。而在上次会议中，张梦丝毫没有考虑员工的处境，还对销售业绩下滑的员工进行了处罚，这更加大了员工的心理负担。在重重压力之下，员工的工作很难有动力，甚至不得不选择辞职。

经过一番交流，张梦反思了自己管理中的失误并进行了改正。她没有下调员工的销售目标，而是根据员工目标完成情况设定了不同的奖惩措施：目标完成80%以下的员工要接受处罚；目标完成80%以上的员工，目标完成度越高，获得的奖金越丰厚。经过调整，原来打算辞职的员工改变了想法，销售员工的工作热情大大提高。到了下一个月，几乎所有员工都获得了奖金。

如果员工的工作缺乏主动性，那么公司的目标就很难如期实现，这将为公司的发展带来风险，也体现了公司管理的失效。为规避这种风险，创业者需要制定完善的激励机制，激发员工的工作积极性。那么，创业者需要从哪些方面建立激励机制？

1. 满足机制

所谓满足机制，主要是指满足员工的物质需要和精神需要。这是一个很简单也很现实的问题，毕竟多数人工作是为了生存。衣食住行这些方面的需要都属于物质需要，而满足这个需要的前提便是薪资。也就是说，公司需要建立有竞争力的薪酬机制，向员工发放适度超预期的工资，更能让员工得到物质上的满足。

物质满足是最基本的条件。当员工的物质需求得到满足后，他们就会追求更高的需求，即精神需求。因此公司要注重对员工的精神激励，如设置各种荣誉或奖项，让员工体验到荣誉感和满足感。当员工的物质需求和精神需求都得到了满足，也会愿意全心全意地投入工作。

2. 升华机制

员工工作的过程也是实现自身价值的过程。事实上，绝大多数员工都是带着自己的理想来工作的，有利于员工实现自身价值的机制是可以激励员工的。因此，公司需要建立一套升华机制，为员工提供升职加薪、进修提升的机会。

升华机制对提升公司的整体战斗力会起到很大作用，但从长远来看，建立企业文化、与时俱进地修正企业愿景，对员工进行正确引导，是企业长期保持竞争力、对员工保持吸引力的重要法宝。

当员工的物质需要和精神需要都能够在工作中被满足，并且有明确的晋升通道能够实现自身价值时，其工作积极性自然会被激发。实现了这一目的，公司对于员工的管理才是成功的。

第 10 章

产品风险：
产品只有对路才能畅销

产品风险指的是公司失去市场竞争力的风险，主要表现为公司所开发的产品不能适应市场需要，在技术方面比较落后，产品质量不过关，售后服务不周到等。如果公司存在以上一方面或几方面问题，那么就会面临产品风险。

76 产品更新换代慢，与消费者需求总差一步

某日化公司以销售各种化妆品、护肤品、家用清洁品为主。最近几年，在激烈的市场竞争中，该公司的市场份额不断下滑，原因就在于公司产品更新换代太慢，难以满足消费者不断变化的需求。

为解决这一问题，该公司投入了大量时间深入分析消费者需求变化，同时进行了多种产品的升级并推出了新型产品。例如，和传统洗手液相比，消费者更偏爱便捷的免洗洗手液，于是推出了免洗型抑菌洗手液；在护肤品方面，针对孕产期消费者，推出了更安全、不刺激的护肤套装。这些产品都受到了消费者的喜爱。

在上述案例中，该日化公司通过及时更新产品缓解了产品危机，这对于其他公司的经营具有指导意义。如果公司的产品更新换代慢，难以满足消费者不断变化的需求，那么公司就会陷入产品危机。

为避免产品风险，公司应注重产品的更新迭代，不断完善产品。产品迭代就是为了满足消费者需求，对产品进行不断更新的过程。

在产品发展的不同阶段，进行产品迭代的目的是不同的。例如，对于刚上市的产品，迭代的目的往往是对产品进行完善和修复，而对于已经成熟的产品，迭代的目的往往是对产品的功能进行升级或增加新的功能等。

同时，无论对产品进行怎样的迭代，公司都要思考产品所针对的目标消费者在哪里，目标消费者的痛点是什么，使用的场景有哪些，产品迭代需要解决什么问题等，以此把握消费者的核心需求，提出有针对性的迭代方案。总之，公司进行产品迭代的目的就是让产品能更好地适应消费者需求的变化。

主观臆断开发的新产品有市场吗

很多公司在产品迭代方面十分积极，经常推出新的产品，但总是反响平平，难以得到广大消费者的认可，原因就在于公司在推出产品前并没有进行市场调查，新产品是基于主观臆断研发出来的，并不能满足消费者的需求。

在推出新产品之前，公司需要进行市场调研，确定市场行情和消费者需求，最终确定产品研发的可行性。那么在推出新产品时，公司应如何进行市场调研呢？5W2H 法是在进行市场调研时经常使用的方法，主要包含以下内容，如表 10-1 所示。

表 10-1　5W2H 包含的内容

Why	市场环境如何
Where	处于怎样的位置
What	竞品调研
Who	目标用户群体
When	何时研发产品
How	如何研发产品
How much	投入多少资金研发产品

公司可以根据以上 7 个方面针对产品研发进行市场调研。

1. Why：市场环境如何

在研发新产品之前，公司要明确为什么要进行产品研发。这就需要公司对市场环境进行调研，了解想做的产品市场有无增长空间，从经济趋势的角度长远看待产品的发展情况和政策导向，并分析市场规模。如果某产品的市场需求大，政策环境良好，那么推出新产品就能够获得更好的市场反响。

2. Where：处于怎样的位置

公司需要明确自己在市场中处于一个怎样的位置，明确自己的市场份额和增长趋势，并且确定公司是否处于竞争小且市场规模较大的局面。

3. What：竞品调研

在进行竞品调研时，公司可以通过 Google Trend、百度指数等查看各种数据、热门指数；可以通过推特、微博等社交媒体倾听用户的声音；可以通过行业峰会、新闻报道等了解行业大咖对于相关产品的分析。

4. Who：目标用户群体

在目标用户群体分析方面，公司需要分析用户行为数据，建立用户的行为模型和标签模型，这样才能做出符合目标用户需求的产品。

5. When：何时研发产品

公司需要对产品战略与产品功能进行规划，明确什么时候进行产品研发。

6. How：如何研发产品

公司需要明确新产品有哪些优势，明确要在新产品上进行哪些突破和创新，以实现产品的差异化。

7. How much：投入多少资金研发产品

在明确如何研发产品之后，公司还要确定研发新产品的人力、物力和财力预算，确保研发项目可以在充足资金的支持下顺利完成。

通过以上几方面的分析，公司可以了解市场环境、找到市场缺口，可以收集用户对产品的认知和竞品的优缺点，可以分析用户的行为和需求。这些都能够使公司的新产品研发方案更具科学性。

78 产品质量不达标，不能让代工模式"背锅"

某食品制造公司最近常常遭到消费者投诉，原因是在其生产的食品中发现了塑料、头发等杂物，食品存在严重质量问题。该公司自上市以来为了提高发展速度，采用代工模式进行产品生产，导致产品出现质量问题。

采用代工模式导致产品出现质量问题的公司不在少数。例如，某公司曾被曝出代工工厂生产的蜂蜜造假；另一食品公司的代工工厂生产的奶油味瓜子也曾经曝出甜蜜素超标的问题。

许多公司为了扩张生产线，增加产品种类，委托其他工厂为自己代工，而代工产品往往会曝出质量问题。代工模式会加大公司的监管难度。公司与代工工厂签订代工协议，产品生产由代工工厂负责。这种情况下，代工工厂可能会用各种手段（甚至不惜用非法手段）降低生产成本，获得更多利润。同时，随着公司生产规模的扩张、管理层级的增多，公司监管的压力也变得越来越大，公司很难在监管方面做到面面俱到，最终导致产品出现质量问题，影响公司口碑。

虽然对于代工工厂的监管较为困难，但是公司既然选择了通过代工模式获得更快发展，那么就必须配以完善的品控监管措施保障产品质量。首先，公司需要提高对于产品质量的重视，建立产品质量检查小组，加大对于代工工厂产品质量的检查力度。其次，公司可以派出质量监督团队入驻代工工厂，规避信息不对称造成的监管漏洞。最后，公司需要从制度上强化对代工工厂的监管，制定标准生产流程，明确产品验收标准，以保证产品质量。

79 产品无标准，公司无效益

公司推出更多的产品才能够获得更高的效益，而产品标准化是扩大产品生产、保障产品品质、提高公司效益的有效手段。产品标准化的优势表现在以下两个方面。

一方面，产品标准化意味着产品生产过程必须是标准化的，标准化生产不仅能够提高生产效率，还能够有效避免生产失误，保障产品质量；另一方面，大批量的标准化生产能够降低原材料、设备和其他生产成本，提高公司的规模效益。

产品生产标准化的优势十分明显，那么，公司应如何做到产品的标准化生产？这需要公司做好两方面的标准化：物质资料标准化和生产程序标准化。物质资料标准化包括产品原料、半成品、成品规格的标准化；生产程序标准化包括生产流程、检验流程的标准化。

某厨具生产公司的发展遭遇了瓶颈，该公司生产的厨具质量非常好，用户群体也十分广泛，但公司还是难以发展壮大，原因就在于该公司没有实现标准化生产，无法扩大产量。该公司厨具的品类非常多，为了满足不同产品的生产，公司准备了多样模具、材料，还会经常调换生产流程，在这样的状况下，公司自然难以发展。

随后，该公司为了扩大产品生产规模，对产品的生产标准进行了统一设计。首先，公司将蒸、炸、烤、炒等不同类型的厨具进行了分类，并将这些功能按模块进行了划分。其次，公司统一、优化了各功能模块的用料和规格，这样在生产过程中就可以节省材料和设备，实现大规模生产。

经过对产品生产的优化，该公司的产品实现了标准化生产，节省了人工、材料成本。同时，产品的标准化生产也减轻了不同时期对产品生产的影响：在淡季时，公司可以生产标准化模块，而在旺季时，只需将这些标准化模块组合到一起即可。在标准化生产的推动下，该公司 2020 年的生产规模比 2019 年扩大了近一倍。

产品标准化是实现产品品质保证、产品生产规模扩大的必要条件。产品有标准，产品的生产过程才能够得到优化，产品的生产才能够实现规模化。同时，产品标准化能够降低公司生产成本，提高公司效益。

80 如何规避产品侵权

近年来，随着社会经济文化和互联网的快速发展，人们对于知识产权也越来越重视。在生产经营过程中，公司应如何规避产品侵权？

首先，树立良好的知识产权意识，建立产品原创体系。一些公司在研发新产品的过程中，会借鉴受到消费者青睐的同类产品，通过开发相似的功能获得更多收益。但市场调研、借鉴产品功能不等于盲目模仿，不等于简单抄袭，那样不仅会引发专利等知识产权的侵权纠纷，从而导致公司被罚款、没收违法所得，产品也会被查封或扣押，更可能导致企业形象恶化，丢掉更重要的品牌资产。因此，公司在研发新产品时，应避免盲目模仿同类产品，以免构成专利侵权行为。

其次，不论是进行产品迭代，还是进行新产品研发，公司都应事先做好周密的调查。公司应仔细调查是否存在与新产品相关的专利。如果存在，则需要了解专利类型、保护范围等，通过对这些问题的分析，确定新产品的研发方向。

最后，公司在研发新产品前应确定核心技术内容，避免同时开展多项研发工作，分散技术力量。因此，在研发新产品时，应根据公司的研发水平和客观条件，选择产品的某项核心功能进行研发，以期实现技术突破，并就相关技术方案申请专利保护，占据市场先机。

81 产品被侵权了怎么办

每一款产品都可能存在被侵权的问题，越成功的产品越容易被侵权。那么，公司在遭遇产品侵权问题时，应该怎么做？

产品侵权问题主要分为两类。一类是直接侵权，即侵权对公司造成了直接损害。如恶意盗取用户信息牟利就属于直接损害。另一类是间接侵权，即侵权行为对公司的产品造成了一定的负面影响，如一定程度上剽窃产品的外观设计、交互设计、信息架构等。这类侵权虽然不会让公司遭受直接损失，但属于不正当竞争，严重的会构成违法犯罪。

当公司遭遇产品侵权问题时，需要做好以下几个方面，如图 10-1 所示。

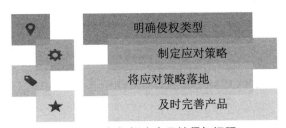

图 10-1　如何解决产品被侵权问题

1. 明确侵权类型

公司需要明确侵权类型,如果属于间接侵权,即产品逻辑、运营文案等被抄袭,就需要确定有关产品被抄袭的内容有哪些,从而采取相应的措施;如果属于直接侵权,就需要尽快隔断侵权链条,最大限度减少损失。

2. 制定应对策略

在明确侵权类型后,公司需要对侵权事件的具体情况进行整理,并制定相应的应对策略。应对策略最好做到"双管齐下",即包括短期和长期两个层面的策略。

短期策略为应急策略,决定了公司对眼下侵权事件采取怎样的处理方式。如果公司想要高调应对,则可以诉诸法律和媒体,提高事件的曝光率。这样做一方面可以提高产品的知名度,另一方面也可以通过舆论谴责侵权方。如果公司想要低调处理,则应避免让媒体和其他公司得知事件情况,采取适当的法律手段,避免把事情闹大,增加对方产品的影响力。以上两种方法都是可行的,至于公司需要采取什么样的办法,则应从具体情况出发作出决策。

长期策略即长期反侵权策略。在处理好当前侵权问题之后,公司还需要以长远的目光看待侵权问题,制定长期的反侵权策略。如果此前没有遭遇过被侵权事件,那么公司可以当前事件为基础,建立一套标准的应对流程,包括建立知识产权管理部门或专职岗位,做好专利申请与展期,安排连续的实时知识产权监控,增加适度的知识产权宣传——推广说明产权归属,在遭遇侵权事件后及时跟进法律程序,界定损失范围、启动诉讼索赔等工作流程,以及采用哪种应急方案、如何进行谈判控制事态等。

3. 将应对策略落地

在制定好应对策略之后,公司接下来要做的就是执行策略,主要包括产品方面的应对和公司方面的交涉。

产品方面的应对首先是指公司需要对产品进行适当的升级调整,如修复产品的漏洞、封禁可能被利用的 API(Application Programming Interface,应用程序接口)等,保证拥有知识产权的产品在市场上的领先性。同时,在进行相应处理时,公司需要留下一些数据方面的、足以说明侵权情况的证据。这些证据有利于公司在日后谈判或诉讼中获得胜利。

其次，公司还需要进行必要的公关，通过推广，让产品的目标消费者正本清源，了解并支持产品原创。

再次，按照事先程序，公司需要启动法务方面的处理程序，这是最基本的举措。具备完善的法务后盾，可以保证公司迅速启动法律追责程序。公司可以向侵权方发送侵权警告邮件，也可以在官网上发布关于侵权问题的官方声明或警告。这些行为可以对侵权方造成一定程度的威慑。

最后，公司需要与侵权方进行直接交涉，即进行谈判。公司需要在谈判中明确侵权方的责任，表明公司的处理办法，并作出必要的警告。

4. 及时提升产品、完善产品

当出现产品被侵权事件时，启动法律程序等处理侵权行为还仅仅是防御工作，企业需要更多的市场竞争主动权。产品被侵权，有可能说明产品大卖，说明企业自身需要建立良好的产品升级计划，具备快速的产品升级替换能力，才能更好地摆脱假冒、仿制、山寨品的竞争；产品被侵权，也可能表明产品在设计上存在某种漏洞或缺陷，特别是软件类、计算机程序类产品，公司需要借此机会对产品进行完善，修正 BUG。例如，产品的用户信息被盗取，可能是产品在开发时存在技术方面的漏洞；产品逻辑被抄袭，公司就需要思考有没有更完善的逻辑和交互方式。通过对以上问题的思考，公司可以及时优化产品，规避产品被侵权的风险。

第 11 章

营销风险：

不是所有的营销都能为公司宣传增色

公司的发展离不开营销，也势必会面临营销风险。许多创业公司存在这样的问题：营销流程出现错位，营销管理、品牌推广、业务流程没有整合到公司的统一流程中。营销风险问题多样，主要表现为营销流程错位、社交媒体利用不当、品牌代言陷入敏感区、营销文案设计不当等。公司需要识别营销过程中诸多方面的风险，并合理规避风险。

营销流程错位：渠道挤压，费用居高不下

创业公司因为组织结构不健全、岗位一职多能，为了生存与发展，往往业务导向、营销导向缺少流程上的整体协调，导致营销渠道相互挤压，费用居高不下，市场份额增长不大。

营销流程受制于公司的营销组织，其中绝大多数创业公司的营销组织没有流程管理，多是一种基于长期应对市场或内部管理问题形成的应对模式。少数公司的流程管理也仅局限于业务领域，比如订单下达、送货、回款等，这些业务流程仅对基本业务有一定作用，这就导致营销流程的错位。一旦公司业务量增长，规模扩大，营销人员就会力不从心。

流程使得公司环环相扣，任务连着任务，牵一发而动全身。但无论营销如何变化，公司内部具体操作的相互关系却不会变，这使得公司的营销管理变得简单，成本降低。

公司的营销流程是保证营销计划落实的工具，与公司的统一流程相呼应的营销流程能解决公司营销渠道挤压，费用居高不下的问题。

营销流程包括 3 个层面，如图 11-1 所示。

营销团队内部的执行流程

营销团队和企业其他相关职能部门的业务流程

管控营销的主要业务过程和流程存在的风险

图 11-1　营销流程的 3 个层面

一是营销团队内部的执行流程，主要用来规定在执行营销流程时，营销团队中每个岗位需要承担的任务和职责，以及每个岗位之间工作任务的关系

和传递顺序。执行流程用来保证在执行营销计划时，每件事都有人负责，都能在指定时间内完成，从而最大化地保证营销计划有效执行，以此来提高营销效率，降低营销费用。

二是营销团队和企业其他相关职能部门的业务流程，主要用来规定每个部门在营销活动中承担的任务和职责，部门之间工作的关系和传递顺序。业务流程用来保证每个部门都按照流程中规定的任务和职责协助营销部门进行营销活动，以免出现问题影响营销计划的达成和落实。

此外，公司在营销流程中，必须要管控营销的主要业务过程和流程存在的风险，包括客户管理流程、销售报价流程、应收账款管理、客户信用管理、销售渠道管理、市场宣传推广费用管控等。公司只有管控了营销主要业务流程的风险，才能保证营销流程的健康运营和协调发展。

83 社交媒体既是机遇也是风险重灾区

微博、微信、钉钉、天猫、淘宝直播、抖音、快手、网易新闻……各类社交网站、短视频 APP、新闻 APP 等社交媒体、电商网站都聚集着巨大的流量，能够在短时间内实现信息的快速扩散。同时社交媒体也成为公司营销的重要渠道，公司可以利用社交媒体倾听用户的声音、宣传产品、在潜移默化中影响用户。对于公司营销来说，电商已经是必不可少的渠道之一。线上线下的有机互动是必备工作。社交媒体既是营销推广工具，也是直接销售工具。所以，社交媒体、电商媒体既是公司营销中的机遇，也是风险重灾区。

首先，和其他营销方式相比，社交媒体营销具有诸多优势。

1. 可以满足公司不同的营销策略

社交媒体中聚集着巨大流量，同时用户之间可以通过社交媒体进行互动，这些都有利于公司营销策略的开展。公司可借助社交媒体开展各种各样的产品营销活动。

2. 可以降低公司的营销成本，提高回报率

许多公司每年投入高昂的广告成本，但回报率却很低。社交网络营销能够实现"多对多"的信息传递，扩大信息传播范围。社交媒体营销传播的媒介是用户，传播方式是"众口相传"。和传统广告相比，社交媒体营销基于用户的广泛参与、互动和分享，很容易加深用户对产品的认知，形成更好的传播效果。

3. 能够实现目标用户的精准营销

不同社交媒体聚集的用户具有不同的特点，大数据时代，这些互联网公司都采用了"千人千面"技术，可以根据社交媒体用户的年龄、性别、地域、爱好等分析社交平台与产品目标用户的契合性，从众多的社交媒体中找到最适合自己的平台进行更精准的营销。同时，通过各类社交媒体，公司可以聚集起大量的粉丝，这些粉丝都是公司产品的目标用户。公司针对粉丝进行各种营销活动能够实现针对目标用户的精准营销。

4. 帮助公司及时进行公关，提升好感度

用户通过社交媒体获得和分享信息，公司能够通过社交媒体及时了解用户的态度，并作出回应。同时，社交媒体作为一条重要的发声渠道，当公司出现问题时，可以及时进行公关，降低事件的不良影响，在获得用户信任的同时提高用户对公司的好感度。

社交媒体营销存在以上机遇，同时社交媒体也是营销风险频发的重灾区。

社交媒体营销的风险主要源自公司版权意识的缺失，原创内容能力不足，以及对社交媒体管理不够谨慎，对品牌管理缺少章法。例如，某公司发微博擅自使用 4 张其他公司具有著作权的图片被判赔 1.4 万元；某公司将他人原创作品稍加修改后发布于微信公众号，侵犯了原作者著作权而被告上法庭。此外，社交媒体也是隐私泄露、名誉侵权等侵权风险的重灾区，公司需要对此引起重视。

《著作权法》第三条规定："本法所称的作品，是指文学、艺术和科学领域内具有独创性并能以一定形式表现的智力成果，包括：

（一）文字作品；

（二）口述作品；

（三）音乐、戏剧、曲艺、舞蹈、杂技艺术作品；

（四）美术、建筑作品；

（五）摄影作品；

（六）视听作品；

（七）工程设计图、产品设计图、地图、示意图等图形作品和模型作品；

（八）计算机软件；

（九）符合作品特征的其他智力成果。

对于以上几种形式的作品，作者具有著作权，其他个人或公司侵害著作权的行为属于违法行为。"

《信息网络传播权保护条例》第二条规定："权利人享有的信息网络传播权受著作权法和本条例保护。除法律、行政法规另有规定的外，任何组织或个人将他人的作品、表演、录音录像制品通过信息网络向公众提供，应当取得权利人许可，并支付报酬。"

依据以上法律法规，如果公司转载了未经授权的文章，即使注明了作者和出处，也会侵害作者的信息网络传播权。如果公司不标注作者和出处，甚至稍加修改冒充原创，不但侵犯了作者的信息网络传播权，也侵犯了作者的署名权。

因此，公司在社交媒体营销中，不能发布或篡改未经授权的照片、文章、视频等各种形式的作品。公司需要建立严格、完善的知识产权管理制度，设立企业自身产品的品牌推广原则，建立企业自身的内容原创团队，形成有效的营销、品牌与线上销售有机互动的管理体系，对营销人员进行培训，使其严格按照既定流程在微信等私域流量区域发布合规可控的内容。在使用可能存在版权的外部内容时，公司需要对内容做好审核，避免遭遇版权风险。

84 品牌代言及广告的敏感区

网络和社交媒体造就了许多新兴明星，如选秀明星、网络红人等。这些明星和网络红人拥有大量活跃度高、黏性强的优质粉丝群体，因此其也成为公司发布营销广告及品牌代言的热门人选。

选择品牌代言人是一项十分慎重的事情，公司不仅要考虑代言人的形象是否和品牌风格相匹配，更要预防代言人负面新闻带来的潜在风险。树立与社会主体价值观一致的品牌意识，不能简单理解为负面新闻也能带来流量。需要动态评估品牌代言人的举止与言行，避免因品牌代言人的行为损害企业品牌。移动互联网的信息交互，有可能非常快速成就一个品牌，带来快速的营销收益，也可能非常快速地导致企业品牌"社交性死亡"。

同时，无论是选择品牌代言人还是发布品牌广告，都要遵守相关的法律法规。

《中华人民共和国广告法》（以下简称《广告法》）第九条规定："广告不得有下列情形：

（一）使用或者变相使用中华人民共和国的国旗、国歌、国徽，军旗、军歌、军徽；

（二）使用或者变相使用国家机关、国家机关工作人员的名义或者形象；

（三）使用"国家级"、"最高级"、"最佳"等用语；

（四）损害国家的尊严或者利益，泄露国家秘密；

（五）妨碍社会安定，损害社会公共利益；

（六）危害人身、财产安全，泄露个人隐私；

（七）妨碍社会公共秩序或者违背社会良好风尚；

（八）含有淫秽、色情、赌博、迷信、恐怖、暴力的内容；

（九）含有民族、种族、宗教、性别歧视的内容；

（十）妨碍环境、自然资源或者文化遗产保护；

（十一）法律、行政法规规定禁止的其他情形。"

第三十八条规定："广告代言人在广告中对商品、服务作推荐、证明，应当依据事实，符合本法和有关法律、行政法规规定，并不得为其未使用过的商品或者未接受过的服务作推荐、证明。

不得利用不满十周岁的未成年人作为广告代言人。

对在虚假广告中作推荐、证明受到行政处罚未满三年的自然人、法人或者其他组织，不得利用其作为广告代言人。"

第六十二条规定："广告代言人有下列情形之一的，由市场监督管理部门没收违法所得，并处违法所得一倍以上二倍以下的罚款：

（一）违反本法第十六条第一款第四项规定，在医疗、药品、医疗器械广告中作推荐、证明的；

（二）违反本法第十八条第一款第五项规定，在保健食品广告中作推荐、证明的；

（三）违反本法第三十八条第一款规定，为其未使用过的商品或者未接受过的服务作推荐、证明的；

（四）明知或者应知广告虚假仍在广告中对商品、服务作推荐、证明的。"

总之，在选择品牌代言人及发布广告的过程中，公司需要牢记以上法律法规，不选择未满 10 周岁的未成年人和受到行政处罚未满 3 年的人作为品牌代言人，同时在广告内容方面也要保证合法性，拒绝虚假宣传。

85 观念混乱，品牌主张变来变去

公司进行营销的目的之一就是宣传自身的品牌主张，即向消费者传达公司的价值观。但在这一过程中，许多创业公司的品牌主张常常变更，导致公司营销目的也常常变更，不利于在消费者心目中形成固定的品牌印象。

品牌主张包括功能主张、质量主张、情感主张、理念主张等。

（1）功能主张：即展示产品的功能诉求，例如农夫山泉的品牌主张为"农夫山泉，有点甜"；M&M 巧克力的品牌主张为"只溶在口，不溶在手"。

（2）质量主张：即展示产品的质量诉求，例如乐百氏的品牌主张为"乐百氏纯净水，27 层净化"。

（3）情感主张：即展示消费者的情感诉求，例如孔府家酒的品牌主张为"孔府家酒，让人想家"。

（4）理念主张：即展示品牌理念或消费理念诉求，例如海尔的品牌主张为"海尔，真诚到永远"。

不论公司通过哪种主张展示品牌主张，最关键的一点就是品牌主张一经确立不可随意更改，公司的营销活动也必须围绕其展开。

很多公司十分重视品牌主张，但其失误之处就在于十分迷信创新，看到一个新的概念就想用在品牌上，导致品牌主张变来变去，公司的营销活动也经常变更。每一次改变品牌主张，都可能会使之前的营销投入付诸东流，这不仅会造成资源的浪费，也难以在消费者心中留下清晰的印象。因此，在品牌主张确定以后，公司就不应随意变更品牌主张，而应以其为核心开展营销工作，通过不断的宣传将品牌主张传递给消费者。

86 如何对待消费者的投诉

对于公司来说，消费者群体是一个需要重点管理和防控的风险来源。曾经，某商城因在某次促销活动中未按约定履行合同，遭到消费者的集体投诉；某公司因金奖造假风波，也与消费者产生了诉讼纠纷。当前，消费者的维权意识逐渐崛起，加上移动互联网的发展，社交媒体成为消费者宣泄情绪的直接渠道，由此引发消费者关于产品、服务、营销活动等各方面的投诉，成为公司需要面对及妥善处理的重要问题。

例如，某款食品为一种蛋白质含量较少的高糖产品，公司在广告中宣传产品蛋白质含量较高，以此吸引更多消费者购买。而这种以虚假广告误导消费者的行为就可能引发消费者的投诉。再如，某公司在销售产品时，表明了会提供安装、维修等售后服务，但等到消费者购买产品后，却对消费者的维修请求置之不理。这种行为违反了双方的约定，极易引发消费者的投诉。

在面对消费者投诉时，公司必须要及时回复，快速解决消费者投诉的问题。同时，公司必须要认真分析问题，找到产品或服务过程中的漏洞，及时对产品和服务进行完善，减少投诉的发生。

此外，公司在营销过程中必须做到诚实守信，对于产品效果的描述，要有客观的数据作为支撑，不要夸大产品效果，进行虚假宣传。同时，公司需要遵守约定，切实为消费者提供此前承诺过的售后服务等，避免消费者因此投诉公司。

大数据时代，隐私安全要严防死守

大数据技术在营销领域的应用，使公司可能合规地获得大量的、具体的消费者身份数据和历史行为数据。这些数据为公司分析消费者，进行更有效的个性化营销提供了支撑。在享受大数据福利的同时，公司也需要保障消费者的信息安全。

目前，我国还没有制定专门的个人信息保护法，但《民法典》《关于促进大数据发展的行动纲要》等法律法规中都涉及对个人信息的保护。

《民法典》第一百一十一条规定："自然人的个人信息受法律保护。任何组织或者个人需要获取他人个人信息的，应当依法取得并确保信息安全，不得非法收集、使用、加工、传输他人个人信息，不得非法买卖、提供或者公开他人个人信息。"

第一千零三十二条规定："自然人享有隐私权。任何组织或者个人不得以刺探、侵扰、泄露、公开等方式侵害他人的隐私权。

隐私是自然人的私人生活安宁和不愿为他人知晓的私密空间、私密活动、私密信息。"

第一千零三十三条规定：除法律另有规定或者权利人明确同意外，任何组织或者个人不得实施下列行为：

（一）以电话、短信、即时通信工具、电子邮件、传单等方式侵扰他人的私人生活安宁；

（二）进入、拍摄、窥视他人的住宅、宾馆房间等私密空间；

（三）拍摄、窥视、窃听、公开他人的私密活动；

（四）拍摄、窥视他人身体的私密部位；

（五）处理他人的私密信息；

（六）以其他方式侵害他人的隐私权。

《关于促进大数据发展的行动纲要》中明确表示，要"健全大数据安全保障体系。加强大数据环境下的网络安全问题研究和基于大数据的网络安全技术研究，落实信息安全等级保护、风险评估等网络安全制度，建立健全大数据安全保障体系。"

依据以上法律法规的规定，公司需要加强对于消费者信息安全及隐私的保护，规避消费者隐私泄露的风险。公司需要了解消费者在信息安全方面的诉求，在法律允许的范围内进行数据的收集、分析和使用。同时在营销实践中，公司也要向消费者表明其是如何获得消费者同意并授权的情况下获得数据，并有能力保障数据的安全、在合理范围内使用数据的，给予消费者充分的知情权和选择权。

88 如何把握营销的度

营销是一个永无止境的课题。一些公司在营销方面投入了大量的资金，却没有获得相应的效果，甚至遭到消费者差评。很有可能是这些公司没有把握好营销的度。营销过度往往会带来相反的效果。

1. 营销过度的表现之一：暴力刷屏

某公司在进行品牌营销的时候，设计了简单洗脑的广告词，并通过大量投放实现了在电视、网络中暴力刷屏。这种简单粗暴的营销方式，在 20 世纪八九十年代或许有一定效果，但放到现在，或许只是提高了该品牌的曝光度和影响力而已，大概率是获得了负面的影响力、口碑方面的负面评价。对于消费者来说，在了解了该品牌的同时也对该品牌的营销方式感到厌烦。

该公司原本想将这一品牌打造为高端品牌，主打"高品质服务"，但其营销方式却在消费者心中打上了低端的标签。即使该品牌十分"出名"，也难以打动目标消费者。

2. 营销过度的表现之二：营销文案"翻车"

某品牌因为高质量的产品和颇富创意的营销文案深受广大消费者喜爱，

但在某次营销活动中，该品牌却"翻车"了。

该品牌的目标受众是女性消费群体，但是在其营销文案中却表现出了对女性的不尊重和恶意调侃，该文案引起了广大网友对该品牌的关注，同时也激起了很多消费者的怒火。随着事件的发酵，该品牌的口碑也不断下滑。品牌方不得不在官方微博上发布道歉声明，承认自己的错误，但即使如此，也对其品牌形象造成了不良影响。

并不是所有的营销都能够取得好的效果，过度营销反而会引起消费者反感。因此，公司需要把握营销的度，适度营销才能够获得更好的营销效果。那么，公司应如何把握营销的度呢？

1. 设定品牌原则、把握底线

在注意力稀缺的时代，越出格的营销内容越能获得大众的关注，但公司必须设定品牌推广的原则，把握好品牌推广可能带来影响的底线。如果公司以出格的内容、"抖机灵"式的营销创意吸引大众关注，就可能会"翻车"，严重损害公司形象。

2. 把握定位受众

营销时必须要把握定位受众。如果公司的目标受众是女性群体，在营销文案中却表达出对女性的不尊重或偏见，这样的营销会让消费者更加反感。公司必须要弄清楚文案在"对谁说话"，思考目标受众的需求。

3. 控制消费者的预期

营销文案设计时总会放大产品的核心优势，以此打动消费者，进而促成交易。但对产品的过度夸赞会让消费者形成过高的心理预期，在使用产品后满意度降低，进而导致消费者流失。而适度控制消费者的预期则会在消费者使用产品过程中为其制造惊喜，进而增强消费者的黏性。因此，公司需要把握营销文案的度，让其能够吸引消费者，又不至于产生过高的期望。

营销不能忽视消费者需求

很多创业者都有这样的苦恼：我的产品比市场中的许多产品都要好，为什么卖不动？产品的包装设计十分新奇，为什么消费者不买账？如果创业者在营销过程中存在这样的问题，则可能已经陷入了白嗨式营销的陷阱。

在品牌营销过程中，很多创业者都会习惯性地站在企业的角度思考问题，从工艺、技术、企业实力等方面感慨品牌的竞争优势，并以此进行自嗨式品牌营销："我们的专利技术在业内遥遥领先""我们的产品比同类产品拥有更多的功能"，品牌营销铺天盖地，却不见成效。

其原因就在于只站在企业的立场进行营销而忽视了消费者的需求。品牌营销必须立足于消费者需求，其目的就是在消费者产生某个特定需求时，能够优先选择该品牌。

为什么必须要重视消费者的需求？首先，消费者接触品牌信息是碎片化的，其接受品牌信息有以下几种碎片化场景。

（1）从遇到的问题出发，寻求问题的解决方案。

（2）从周围人的聊天中获取品牌的部分信息。

（3）从电视或网络广告中获取品牌信息。

（4）逛街、逛超市时看到了品牌信息。

其次，消费者获取品牌信息、完成购买行为、产品使用、推荐给他人的整个流程同样存在于碎片化场景中。

碎片化接触方式决定了每一个品牌信息必须都具有极强的穿透力，能够精准传达统一的品牌形象，使消费者每次接触到品牌信息都能形成叠加效应，当某天产生需求时能够第一时间想到品牌。

如果不理解消费者接触品牌信息的碎片化场景，有针对性地进行品牌核心价值的营销，就会造成消费者对品牌价值产生混乱认知，不仅浪费营销费用，还会影响品牌形成的进程。

"烧钱"就能够做好营销吗

企业的品牌是在营销、渗透的过程中建立起来的，营销渗透和渠道渗透对于建立品牌具有重要意义。不断地进行营销与渠道渗透，产品销量与市场份额才能实现持续增长。不同的品牌有不同的营销推广方式。品牌最终是需要时间成长的。国内有些广告公司采买了大量的电视或户外或其他位置的广告位，为了推动企业投放更多的广告，营造了""烧钱"式营销"的神话案例。由此促使一些企业推导出如下结论：有钱就能促进品牌营销和品牌持续渗透，就能够推动企业和品牌发展。形成了这种认知，这些企业就会希望通过""烧钱"式营销"推广品牌，为企业宣传增色。

现实中，在品牌营销方面投入巨额资金，真正获得快速且持续成长的企业寥寥无几。推动企业成长的关键并非"烧钱"，特别是在移动互联网时代，信息大爆炸，针对目标消费群体，设定好品牌原则，用"润物细无声"的方式实现品牌渗透，可能是塑造品牌的更好方式。

很多企业投入了大量资金做品牌营销，却没有达到理想的渗透效果，这是为什么？

1. 预算浪费

品牌营销所选择的营销媒介和销售渠道必须能够触达消费者，才能加深消费者对于品牌的印象，实现较好的品牌渗透效果。

比如擅长营销推广的消费品类企业习惯于用 GPR（Gross Rating Point，总收视点）数据衡量电视广告的效果，而媒介代理公司为了收益，往往将自己代理的广告载体给出好看的数据，导致"广告费用有一半不知道是浪费在哪里的"。这样的品牌营销难以触及真正的消费者，营销效果自然不会好。大数据时代，消费品类企业也调整了营销推广策略，将营销资金转移到了更精准的数字化渠道、网络渠道，增加了触达目标消费者的规模，提高了品牌渗透率，最终推动了品牌的发展。

2. 缺乏品牌独特性

品牌营销的前提是品牌具有独特性，即具有能够让消费者分辨品牌和记忆品牌的特点，使品牌能够在消费者心中留下印象。如果品牌缺乏独特性，无法使消费者明确地记住品牌，就会很容易和竞争对手品牌混淆。"分辨"和"记忆"是品牌独特性的两个核心功能，脱离了这两大功能，只谈营销创意的营销活动只会浪费资金。

许多企业都习惯于投入大量资金设计一个品牌价值主张，创造许多复杂的品牌营销素材，以获得消费者的认可或感动，但却忽略了品牌营销最基础的目标——让消费者辨识品牌、记住品牌。只有让品牌深深植入消费者的记忆，品牌的价值主张营销才是有效的。

3. 缺乏持续性

在营销策略方面，很多企业都会抓住"618"购物节、"双 11"购物节等时机进行爆炸式营销，或借助互联网热点事件进行事件营销，但却忽略了平时持续的营销渗透。这是违反消费者记忆特点的，消费者不会根据一次性印象购买某品牌的产品，只有不断通过各渠道看到该品牌，才会记住品牌并且购买该品牌的产品。因此，企业需要持续地进行品牌宣传，一遍遍加深消费者对于品牌的印象。

比如盒马鲜生在开张时引起了广泛关注，但如果缺乏持续性的曝光和品牌渗透，其也会被消费者遗忘。消费者可能还是会选择每天都能看到的华润万家超市。再如，即便已经成为全球知名的大品牌，可口可乐依旧十分重视品牌的宣传推广，不断地进行品牌营销和渠道渗透。

营销的持续性并不是营销方式或营销渠道的持续性，而是营销效果的持续性，即使品牌持续不断地渗透到消费者心智中。所以，无论是进行节日营销、事件营销还是日常曝光营销，无论是进行线上营销还是线下营销，最终结果只要有助于品牌渗透，就是有价值的。

4. 产品品质硬伤

许多品牌都可以靠传统的分销、广告的渗透模式，同时借助我国巨大的人口红利和市场差异性实现快速增长。在这种情况下，许多企业都忽视了对产品品质的要求。但在当下的竞争市场中，品牌口碑的竞争越来越突出，如

果产品质量不佳，甚至产品存在硬伤，那么就会大大影响品牌的口碑，进而
会阻碍品牌的成长。

比如，以高品质著称的格力无疑是我国空调市场的龙头企业，其他产品
质量较差的空调品牌虽然可通过薄利多销的方式在市场中生存，但却难以获
得进一步发展，更无法与格力抗衡。企业要想成功建立品牌，就要保证产品
质量，要想实现品牌的持续增长，就要不断提高产品品质并不断创新。

总之，粗放式营销的时代早已过去，要想取得更好的营销效果，就要保
证产品质量，打造品牌的独特性，同时保证营销的持续性和有效性。品牌营
销是需要技巧的，一味地"烧钱"营销难以赢得消费者的欢心。

91 如何玩转借势营销

许多公司喜欢借势营销，如借助娱乐热点、行业发布会、体育赛事等进
行营销。好的借势营销能够在降低营销成本的同时取得更好的宣传效果，但
借势营销也有底线，一旦突破底线，轻则营销毫无效果，重则收获一片骂声。
那么，在借势营销的时候，公司应注意哪些事项呢？如图 11-2 所示。

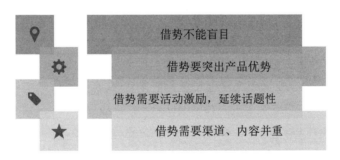

借势不能盲目

借势要突出产品优势

借势需要活动激励，延续话题性

借势需要渠道、内容并重

图 11-2　借势营销的注意事项

1. 借势不能盲目

并不是所有的热点都可以用来借势营销，包含负面信息、与公司产品无
关的热点虽然有热度，却不适合进行借势营销。在热点选择方面，公司需要
考虑热点与自身产品结合的合理性与贴合度。同时，借势不是省事。如果只

将热点粗糙地和产品进行组合，产品的宣传文案与热点并无交集，仅在文案开头或结尾加上热点内容，起到的借势效果则会微乎其微。

2. 借势要突出产品优势

在进行借势营销时往往会陷入一个误区，即通过更具趣味性和吸引力的借势营销活动吸引消费者的关注，却忽视了在营销活动中展现产品的优势，结果往往是营销活动的确吸引了大量关注，但消费者并未记住公司的产品。因此，公司应围绕产品优势进行个性化的借势营销，在营销活动中突出产品优势，加强消费者对于产品的认知。

3. 借势需要活动激励，延续话题性

在进行借势营销时，在营销活动中加入转发抽奖、邀请有礼等优惠活动，能够让活动的传播效果翻倍，同时能适当延续活动的话题性，引起更多消费者的讨论。

4. 借势需要渠道、内容并重

要想做好借势营销，除了选择合适的热点外，也要注意营销的渠道和内容。酒香也怕巷子深，借势营销要想吸引更多人的关注，就要进行多平台的渠道推广，如通过微博、微信公众号、视频等进行营销推广。同时，在内容方面，公司要注重热点与产品结合的紧密性，通过具有干货和福利内容的营销文案吸引更多消费者的关注。

92 如何进行公关才能力挽狂澜

当公司经营不善或受外界特殊事件影响，遭遇经营危机时，为了消除影响、挽回形象，就需要进行公关。那么，公司如何做才能取得较好的公关效果？如何进行公关才能够力挽狂澜呢？

1. 第一时间响应

在发生危机事件，公司形象受损时，公司需要在第一时间响应。在互联网时代，舆论发酵是十分迅速的，如果公司没有及时对危机事件进行响应，引导公众的思想，那么公众就会在心里形成有损于公司形象的判断。

某品牌是一个以保健、美容为主的品牌，深受广大女性消费者喜爱，其在经营过程中就遭遇过影响十分不好的危机事件。当时，该品牌面膜疑致人身亡的消息在网络上广泛传播，引起了广大消费者的恐慌。

该事件的曝光使得该品牌遭到了广大消费者的质疑，品牌形象岌岌可危。面对这样的局面，该品牌第一时间在官方微博上发布了关于该事件的致媒体函，具体内容如下：

近日有用户家属声称其家人使用了本品牌的美白面膜后身亡，对于该事件，我司表示高度关注。特作声明如下：

本品牌的美白面膜达到了中国化妆品卫生规范标准，通过了欧洲质检机构的毒理评估测试，且该产品在国家指定的质检机构进行了皮肤斑贴测试和执行标准检测，结果显示产品安全、符合标准。该产品自上市以来，售出超过一百万盒，从未发生过因肤质原因产生使用过敏的投诉事件。

虽然目前并没有证据证明用户的死因与该产品有关系，仍处于调查阶段，但是本着对用户健康负责的态度，我司作出以下安排。

（1）立刻将该产品从所有店铺暂时下架，并着手对该产品进行进一步检测。

（2）及时与用户家属及政府部门取得联系，并与用户家属进行沟通，但目前为止，未获得用户家属同意配合对原因的调查。

（3）为了尊重事实，我们仍会继续与用户家属进行沟通，并希望用户家属积极配合调查。

我司一直致力于为用户提供优质的商品，一直根据国家法律法规严格审核产品，确保产品符合法律法规的要求和规定。

另外，秉持对消费者负责的态度，该品牌把涉事面膜送到了国家化妆品质量监督检验中心进行检测，并在检测结果出来之前将其下架。最终的检测结果是涉事面膜完全符合标准，不存在任何问题。

虽然此次事件让消费者对该品牌的产品产生了不信任，也对该品牌的品牌形象造成了一定影响，但品牌方所做的快速回应以及一系列后续行为，在很大程度上缓和了消费者的恐慌情绪，让消费者感受到了品牌方的认真和诚恳。

而且，该品牌又通过国家化妆品质量监督检验中心对涉事面膜的检测证明了其无害性，最后再利用社交媒体进行广泛传播，让消费者了解真相，表明致死与涉事面膜没有关系，从而扭转了社会舆论，顺利渡过了危机。

该品牌之所以能够把危机事件处理得如此完美，主要就是因为把握了"速度快"的准则，在第一时间进行响应。当然，传播途径也是一个非常关键的因素，该品牌利用微博来表明态度、传递相关信息，保证了危机公关的及时性与广泛性。

最后需要注意的是，如果公司暂时不能给出一个准确答复，那就先表明立场，并告诉消费者公司正在进行详细调查。这样可以让消费者知道公司是有所行动的，能够稳住他们的情绪，等到事件调查清楚以后再公布真相。

2. 给出的结果要有理有据

在进行危机公关的时候，有理有据也是一个非常重要的原则。有理有据不是简单地讲道理，而是要拿出真正有力的证据让消费者信服。通常情况下，造成危机公关的原因可以分为两种，一种是遭到诬陷或者恶意诽谤；另一种是公司的产品或服务的确存在问题。

无论是哪一种，公司都要做到以理服人。如果公司遭到诬陷或者恶意诽谤，就把事实摆出来讲清楚；如果公司的产品或服务的确存在问题，就应该真诚道歉，并讲明之后的应对措施，赢回消费者的信任，重新树立良好形象。

某公司生产的产品曾引起了消费者的恐慌，原因是其销售的香茅薏仁茶和鸡蛋圆松饼的包装上印有"东京都"（核辐射区）字样，因此被认为产自核污染区。针对这一事件，该公司及时发布了声明函，具体内容如下：

声　明　函

针对"食品产自核污染区"事件，本公司声明如下：

1. 引起此次误解是因为食品包装中注明了"东京都"字样，而该字样为本公司母公司名称及注册地址，并非所售食品的产地。

2. 两款食品的原产地如下：

香茅薏仁茶原产地：日本福井县

鸡蛋圆松饼原产地：日本大阪府

3. 本公司销售的来自日本国的食品，均严格遵守国家质量监督检验检疫总局《关于进一步加强从日本进口食品农产品检验检疫监管的公告》《关于调整日本输华食品农产品检验检疫措施的通知》的规定，未销售中国政府禁止的日本核污染影响区的食品。

附：

1.《对中国出口产品原产地证明书》——香茅薏仁茶

2.《对中国出口产品原产地证明书》——鸡蛋圆松饼

上述声明函表明了该公司食品的日文标识上所标示的是母公司的注册地址，并非食品的产地。而且，除了进行必要的说明以外，该公司还展示了原产地证明书、入境货物检验检疫证明等一系列有力证据，进一步提升了消费者的信任度。

从危机公关的角度来看，该公司的确打了胜利的一仗，不仅让舆论迅速反转，还使消费者的情感值进一步回升，有很多值得其他公司学习和借鉴的地方。

首先，该公司对事件原因进行了详细解释和说明，并在有理有据的基础上，第一时间以官方身份给出真相，对不实消息予以反驳；其次，该公司做到了迅速澄清，指出核辐射区的地址并不是食品产地；最后，公司展示了原产地证明书、入境货物检验检疫证明等证据，表明产品并不是来自核污染区。

上述两家公司在面对危机事件时都做到了沉着冷静，谨慎认真。同时这也在告诫其他公司，遭遇危机事件以后，必须第一时间自检自查，确认情况是否属实。如果情况不属实，就要准备好证据，为接下来的反驳打下坚实基础。

第 12 章

合同风险：

谨防一纸合约变成公司的"催命符"

合同是公司开展经营活动取得经济效益的纽带，也是容易产生纠纷的根源。在日常经济活动中，多数创业公司对合同的法律意识淡薄，风险认识不足，合同签订又缺乏谨慎审核能力，导致公司合同出现法律风险，引发合同纠纷。公司处理这些纠纷时，不仅要花费大量的人力、财力，还要承担相应的法律后果。

合同订立、生效、履行、终止的过程中，每个环节都存在法律风险，如果防范意识不强，公司就有可能陷入法律风险，引发法律纠纷。为了防患于未然，公司需要加强对合同法律风险的防范意识和自我保护意识，对合同法律风险进行识别与管理。

93 无合同不交易

　　某初创的科技公司因业务需要计划与另一技术公司开展合作。在业务商谈阶段，由于该技术公司对合作的业务十分看好，计划投入自己的技术。科技公司也想加快推进合作进度抢占市场。双方达成口头协议后，该技术公司表示，该公司是其所属集团的下属分公司，在签订合同时需要获得总公司的授权。同时技术公司又表示，他们对这项合作十分看好，只是需要授权的程序完成才能签订具体的合同，为尽快开展合作，科技公司可以先进行合作前的准备工作。

　　基于对技术公司母公司的崇拜，以及对技术公司负责人口头承诺的信任，该科技公司在双方合作的项目上投入了不少资金和人力。然而半个月后，技术公司却向科技公司表示，双方的合作未得到总公司审批，因此双方的合作就此作罢。该科技公司自然不同意，合作作罢意味着公司此前在项目中的付出全部付诸东流。但是，双方没有签订合同，科技公司也无法向对方追责，只得白白遭受损失。

　　在上述案例中，科技公司没有和对方签订合同就开始行动，最终遭受了损失。这种风险是公司需要规避的，公司在与他人进行合作或交易之前，一定要先签订合同。如果没有合同，对方公司可能会借此逃避自己的责任，公司也无法对其进行追责。如果签订了合同，当对方的行为违反合同规定时，公司就能够以合同为依据要求对方承担责任。

94 不了解资信状况，对方可能无力履行合同

一般情况下，在与其他公司签订合同之前，首先要了解对方的经营状况和资信状况，确定对方有能力履行合同。而在实践中，很多初创公司因为经验不足，往往在未查验对方营业执照，对合作方公司的性质、经营范围、法定代表人等基本信息不了解的情况下就签订了合同，在索要货款时才发现对方下落不明。

例如，某工厂与某公司签订了联营协议书，约定双方合作研发生产新型产品。签订协议后，该工厂先向该公司支付了 15 万元技术使用费。但对方却未履行合同，等到工厂负责人去对方公司沟通时，才发现已经人去楼空，最终该工厂的投资也无法收回。

上述案例表明，在签订合同之前，公司需要对对方公司进行调查，了解对方的资信情况，分析其履约能力，规避签约风险。

从合同主体来看，如果合同主体不具备法定资格，就会存在法律风险。一些技术性要求很强的行业，如建筑、医药行业等，会规定从业者必须具备相应的资质才能够进行经营活动。如果和不具备相应资质的公司签订了合同，那么一旦发生纠纷，合同往往会被认定为无效，从而遭受巨大损失。

为避免合同法律风险，公司在签订合同时应对合同主体进行审查。如果对方当事人为自然人，则需要审查其是否具有完全民事行为能力、是否具有相关资质；如果对方当事人为公司法人或其他组织、机构，也要审查其营业执照，并审查分支机构总公司的相关情况。

同时，公司需要调查合同主体履约能力，如果签订了合同，但对方没有履约能力，合同就会形如虚设，无法履行。因此在签订合同时，要对合

作方的信用情况、信誉、历史履约情况进行了解。具体来说，需要了解以下情况。

（1）对方公司概况。了解公司的性质、产品销售情况、公司人员构成等，了解公司的管理能力。

（2）调查对方公司的法定地址和实际经营场所。有无法定地址能反映对方公司的经济状况、人员状况、经营稳定性等，一旦发生纠纷，法定地址也是送达法律文件的地址。

只有明确对方公司有履行合同的能力，有必要的支付能力或生产能力，明确合同是可行的，公司才能够与其签订合同。

95 未审核主体资格，发生问题无人负责

公司在与任何对象签订合同时，都要先对其主体资格进行审核。什么叫作合同的主体资格呢？这是对民事法律关系主体而言的一个概念，是指依法享有权利以及承担义务的法律关系的参与人。合同的主体是对合同中规定的事项承担责任的对象，可以是一个人，也可以是一个组织。如果不对合同的主体资格进行审核，可能会出现有了问题却找不到责任人的情况。

那么，究竟如何对合同的主体资格进行审核呢？首先，应对对方的法人资格进行审核，审核内容如下。

（1）成立的过程是否有法律依据。

（2）是实缴注册还是认缴注册。

（3）公司名称、办公场所是否符合法律、法规的规定。

（4）是否能独立承担民事责任。

如果签约方属于组织性质，没有独立法人资格，那么应审查其营业执照。如果签约方属于公司的下设部门或者分支机构，同样需要对其法人资格进行审核。如果不符合条件，则可以拒绝与其签订合同，避免给公司的运营工作带来麻烦。

可能还会出现另一种情况，即合同的履行具有一定的专业性。遇到这种

情况时，主体资格审核还应该包括对从业人员相应资格的审核。具体的做法可以是审核其从业资格证书。如果公司运营者在与对方签订合同时忽略了这一项内容，也就意味着合同能否如约履行是一个未知数，这是对自己公司不负责的表现。

例如，与从事教育行业的主体签订合同时，需要审查对方的教师资格证；与从事传媒行业的主体签订合同时，则需要审查对方的新闻采编从业资格证。总之，对于这些具有明显专业性质的主体，从业资格证的审查是非常重要的环节。

而且，在实际审查过程中，还要确保双方当事人都是合同中明确指出的主体。如果出现当事人与合同规定的主体不相符，则需要重新确定；如果出现主体人变更的情况，也需要及时告知对方，并确认变更后的情况。而审查方则需要对此进行全面审查，从而确保不会给后续工作带来法律风险。

96 签约主体没有签约资格，合同是否有效

2020 年 8 月，上海某科技公司准备购买一批新的电脑设备，最后与上海某电器公司达成协议，双方约定购买的价格是 18 万元，并且双方还在口头上约定 10 日内把货送到买方的办公地点。另外，双方还约定，买方需要先支付给卖方 8 万元定金，之后的 10 万元尾款在电脑送达并检查合格后 3 天内支付。

电器公司在约定日期内将科技公司预订的一批电脑送到了目的地。可是，一个星期过去了，电器公司却没有收到科技公司应付的剩余款项。于是，电器公司负责人与科技公司交涉。结果，得到的答复是，该公司只是上海的一个办事处，不具备签订合同的资格。之后，电器公司又找到该公司的总部，总部的答复是，与电器公司合作的办事处不具备法人资格，它作出的承诺和约定不代表公司的意志，没有法律效力。

所以，这家电器公司只能自认倒霉，由于没有签订书面合同，也没有审核合同的主体资格，当买方不愿意主动支付剩余款项时，电器公司只能处于极度被动的状态。

以上案例表明，在进行商业合作之前，公司一定要签订合作合同，并且要对合同的签约主体进行资格审核。例如，审查对方是否有签订合同的资格以及授权证明（如公司的营业执照、机构代码证、商标证书、授权书、身份证件等）。为了确保证件的真实性，还可以上网查验或者电话咨询。

另外，运营中心、分公司、办事处、接待处、联络处等，这些都是没有签约资格的主体。如果公司遇到的签约主体属于以上任何一种情况，一定要查验其总公司的书面授权文件，否则不能与其签订合同。

从签约主体来看，合同可以由公司法人指定的代理人签订，在约定的代理权限内，代理人可以代表法人签订合同，但在实际操作过程中代理人签订合同却可能会导致法律风险。首先，如果对方代理人没有获得授权就签订了合同，那么合同就会被认定为无效，这会使公司损失前期投入的人力、财力，给公司造成不必要的损失。同时即使代理人获得授权，但代理人签订合同时超越了自己被授权的权限，那么合同也会面临不被对方认可而无效的风险。因此，公司除了审查对方代理人授权的真实性外，还要关注其被授权的范围。

签约主体为对方的公司法人，也存在法律风险。公司法人可以作为公司代表签订合同，但如果公司章程对公司法人的职责范围进行了限定，或不允许公司法人对外签订合同，那么即使公司法人签订了合同，合同的效力也会受到质疑，有不被对方公司认可的风险。因此公司在签订合同之前，一定要查看对方公司的章程，了解对方公司法人是否能够对外签约。

为避免合同法律风险，公司在签订合同时应对签约主体进行审查。如果签约主体为代理人，公司应要求其提供授权书，以及个人身份证明，同时要审查其授权范围、代理期限等；如果签约人是对方公司法人，公司应要求其出示法人证书、身份证明及对方公司的营业执照等。

97　未约定权利与义务，出现问题谁来负责

合同的本质是一份具有法律效力的协议，它是对当事人之间设立、变更、终止民事关系的规定，以及当事人之间权利和义务的规定。没有人能预测到

双方在合作过程中会出现什么问题，会发生什么样的纠纷。如果双方没有在合同中约定各自的权利与义务，那么出现问题时也无法确定具体的责任人，这会给合作双方带来很多麻烦。

李楠和宋枫是多年的同窗兼好友，两个人都有开一间茶餐厅的愿望。为此，两个人在大学期间就做了详细的调研和规划。毕业后，他们便拿着成熟的计划开始了第一次创业。

由于两个人是好友关系，彼此都非常信任对方，所以在创业之初两个人并未签订任何合作协议或合同。而且，两个人在工作中的分工也没有明确的规定，谁愿意负责哪方面工作就负责哪方面工作。

餐厅刚开业时，生意比较冷清，但因为两个人的创业热情正处于高昂的状态，因此餐厅的管理工作进行得非常顺利。随着时间的推移，餐厅逐渐有了知名度，生意越来越火爆。这本该是一件值得高兴的好事，然而，李楠和宋枫之间却开始出现矛盾。最终，两个人因为在餐厅管理工作的分配上没有达成一致意见而闹上了法庭。

这就是一起典型的因合作义务不明确而产生严重问题的案例。对于合作双方来说，合同中必定会涉及利益问题，而这个问题又是最容易引起合作双方发生冲突的。不过，有冲突并不可怕，可怕的是没有有效的解决方案或依据。极力维护自己的权益是人的本能，这时如果没有能够约束彼此的依据，就很容易陷入合作的僵局。

为了保证合作顺利，也为了避免日后合作中发生不可调和的冲突，创业者在制定合同时要先明确双方的义务。对于经验不足的创业者来说，可以参考同行业内其他人的意见，或者咨询专业法律顾问。

总而言之，关于双方需要履行的义务，在合同中呈现得越详细越好，这也是制定合同时需要注意的事项之一。

98 条款语意模糊，发生纠纷谁都"有理"

合同内容包括合同签订主体以及双方约定的各项责任和义务。而后者通常以条款的形式呈现，将每一种具体情况列为一项条款。因此，合同条款的内容越详细越好。

《民法典》第四百七十条规定：合同的内容由当事人约定，一般包括下列条款：

（一）当事人的姓名或者名称和住所；

（二）标的；

（三）数量；

（四）质量；

（五）价款或者报酬；

（六）履行期限、地点和方式；

（七）违约责任；

（八）解决争议的方法。

公司可以根据合同所涉及的具体行业，有选择性地选用以上内容作为合同的主要条款。但是，不论合同主要条款的内容是什么，对其中的细节问题的描述都是越详细越好。

合同条款的内容越详细，遇到具体情况时就更容易找到相对应的解决办法。所以，只要是可能在合作过程中出现的问题，只要是双方能想到的问题，都可以在具体的条款中展现出来，防患于未然好过"事后诸葛亮"。

例如，甲方需要乙方开发一套系统，并与乙方签订了合作协议。该协议规定，乙方应尽早完成系统开发工作。如果乙方提前完成的时间越早，则甲方为乙方支付的劳动报酬就越多。

显然，这就是一份非常模糊的合同条款。关于合同中的"尽早"没有一个明确的概念，也没有一个明确的时间界定。日后，即使乙方完成任务的速度非常快，如果乙方想凭借这份合同内容向甲方要求支付更高的劳动报酬，几乎是不可能的事，因为并没有一个参照物让乙方来证明自己的完成速度很快。可能乙方最后会对此表示不满，但却无可奈何。

再如，某餐厅在七夕前向某葡萄酒公司订购了 50 箱葡萄酒，合同中写着"甲方向乙方购买某品牌葡萄酒 50 箱"。之后该餐厅收到 50 箱葡萄酒，每箱 6 瓶，但在签订合同前，该餐厅一直认为订购的葡萄酒应该是每箱 12 瓶。该餐厅就此事与葡萄酒公司争论，但对方却表示合同中只规定了公司提供多少箱葡萄酒，没有规定每箱应该是多少瓶酒，公司的所作所为并不违反合约，是餐厅方面的理解有问题。最终，该餐厅因货源短缺而错过了七夕这一销售良机。

合同是确定双方权利义务的重要依据，因此公司在签订合同前，必须认真分析各项条款，将可能发生争议的地方解释清楚。只有这样，当合同履行发生争议时，公司才能够从细致的合同条款中找出对自己有利的依据。

99　什么情况需要签署保密协议

合作的实质是双方之间优势互补、资源共享。很多公司都会有独特的运营模式和商业资源，这是公司维持发展，保持行业竞争力的秘密武器。在合作过程中，虽然彼此都拿出了自己的秘密武器，并且合作双方都可以加以利用，但这并不意味着另一方对秘密武器拥有支配权。也就是说，签订了合同后，双方都对对方的秘密武器，即商业机密，拥有使用权而没有所有权，更没有支配权。因此，为了约束对方的行为，公司间需要签署保密协议。

在竞争激烈的商业环境中，在合同中添加保密条款已经成为共识，也成为默认的达成合作关系的前提条件。尤其在高新技术领域，如果合作方拒绝签订保密协议，那么所有的合作事宜都免谈。

签署保密协议是基本的商业道德。从理性的角度来看，这也是符合法律、法规的要求的。一般来说，保密协议会有明确的范围，包括设计、样品、模具、原型、技巧、诀窍、工艺、方法、技术、公式、算法、科学知识、性能要求、操作规格、测试结果、财务信息、价格和成本信息、商业计划、市场调研、市场分析、客户信息、配送信息等。

　　另外，保密条款还会规定泄露保密信息的处理方式。至于具体的处理方式视具体情况而定。如果泄露的信息不属于重大级别，不会给对方带来重大损失，酌情以金钱赔付的方式处理。对于情节严重的情况，则可以申请法律援助。

　　由于大多数商业信息都有有效期，所以保密条款也有固定的保密期限，而这个保密期限也需要在保密条款中清晰地呈现出来。一般情况下，保密期为 5 年。不过，公司也可以根据自己的行业性质来确定具体的保密期限。公司间保密协议如表 12-1 所示。

表 12-1　公司保密协议示例

甲　　　方：＿＿＿＿＿＿＿＿＿＿	名称 / 姓名：＿＿＿＿＿＿＿＿＿＿
住　　　所：＿＿＿＿＿＿＿＿＿＿	法定代表人：＿＿＿＿＿＿＿＿＿＿
身份证号码：＿＿＿＿＿＿＿＿＿＿	电　　　话：＿＿＿＿＿＿＿＿＿＿
乙　　　方：＿＿＿＿＿＿＿＿＿＿	名称 / 姓名：＿＿＿＿＿＿＿＿＿＿
住　　　所：＿＿＿＿＿＿＿＿＿＿	法定代表人：＿＿＿＿＿＿＿＿＿＿
身份证号码：＿＿＿＿＿＿＿＿＿＿	电　　　话：＿＿＿＿＿＿＿＿＿＿

甲、乙双方（以下简称"双方"）经过协商，基于平等、自愿的原则，根据《中华人民共和国反不正当竞争法》等法律之规定，就双方之间的＿＿＿＿＿＿产品行销、广告服务、业务拓展等业务合作过程中的商业秘密保守事宜达成如下协议：

第一条　保密内容和范围

本协议所指商业秘密是指不为公众所知，能为甲方带来经济利益，经甲方要求采用保密措施的技术信息及经营信息。具体包括在合作期间，甲方向乙方提供的所有业务资料，包括但不限于客户资料、财务资料、生产情况、生产资料、产品成本、产品定价、员工资料、货源情报、市场地位资料、业绩评估、进料渠道、测试数据、产品配方、新业务推广计划、产销策略、制作工艺、技术资料、管理诀窍、产品开发进程、招投标的标底和标书内容及甲方未对外公布的技术和经营信息等资料。

第二条　双方的权利和义务

2.1　乙方所需的各种业务资料由甲方提供。基于该资料形成的业务资料、无形资产、知识产权等一切相关权利属于甲方所有。

2.2　甲方不得将乙方为其设计的方案提供给其他公司。

2.3　甲方提供给乙方的资料，乙方必须指定专人保管，并保证除开展合作活动之外的其他无关人员不得通过各种途径获得上述资料。

2.4　在合作期间，乙方不得与甲方经营同类业务的公司合作，为其提供行销策划服务。

2.5　合作期满 5 年内，乙方不得利用甲方商业秘密资料，接受与甲方经营同类业务的公司的委托提供同类策划或其他业务。

2.6　合作期满或合同解除后，乙方应归还甲方全部业务资料，不得保留复制品。

2.7　乙方应遵守本协议约定的保密义务，并教育员工遵守相同义务。因乙方员工行为造成的商业秘密泄露或不正当利用，乙方应承担连带赔偿责任。

2.8　甲方按照合同约定应当支付给乙方的合同价款在确定价款数额时已经考虑到乙方应当承担的保密义务，因此合同价款已经包含乙方履行本协议义务的对价，甲方无需为本协议向乙方另付价款，乙方不得据此索要额外价款。

第三条　协议生效及效力期限

本协议自双方盖章签字之日起生效，协议的效力及于本协议约定的保密期间。

第四条　违约责任

4.1　乙方及其员工违反保密协议规定，私自窃取、泄露或以其他形式侵犯甲方的商业秘密，甲方有权无条件解除业务合作协议，并要求乙方承担违约责任，缴付违约金人民币　　　万元。

4.2　乙方若违反协议，非法窃取、泄露或者以其他形式侵犯甲方商业秘密，造成甲方经济损失，甲方有权要求乙方按照上述条款承担违约责任，并赔偿由此造成的经济损失。情节严重的，应承担相应刑事责任。

第五条　不可抗力

5.1　发生不可抗力事件（如水灾、地震等）影响履行本协议义务时，双方应做到：

（1）采取适当措施减轻损失。

（2）及时通知对方。

（3）在事件期间，出具协议不能履行的证明。

5.2　发生不可抗力事件在＿＿＿＿＿＿（时间）内，协议延期履行。

5.3　发生不可抗力事件，持续时间超过＿＿＿＿＿＿，本协议即告终止。

第六条　争议解决

6.1　因本合同发生的争议，双方应协商解决，经协商不能达成一致的，按下列第＿＿＿＿＿＿种方式解决：

6.1.1　依法向＿＿＿＿＿＿仲裁委员会申请仲裁。

6.1.2　依法向＿＿＿＿＿＿人民法院提起诉讼。

6.2　违约方应承担守约方为主张权利支出的费用，包括诉讼 / 仲裁费用、律师费用、调查取证费用等。

第七条　附则

7.1　本协议自双方签字或盖章之日起生效。

7.2　本协议一式两份，双方各执一份。

甲方（盖章）：　　　　　　　　　　　　乙方（盖章）：

授权代表（签字）：　　　　　　　　　　授权代表（签字）：

签订地点：　　　　　　　　　　　　　　签订地点：

　　　　　年　　月　　日　　　　　　　　　　　年　　月　　日

保密协议要明确双方身份、保密内容和范围、协议期限、违约责任及争议解决方式等，公司在制定保密协议时可参考以上表格内容，并根据具体业务和保密要求进行调整。

 哪些单位不具备担保资格

在签订合同时，如果对方公司提供了担保人，会让公司觉得多了一层保障。但事实上，并不是所有的担保都是有效的。有些提供担保的公司本身已经负债累累，已经被吊销或面临破产，当签订合同的对方公司无法履行合同时，其担保公司也没有能力承担责任。

例如，某制药厂和某医药公司签订药品买卖合同，某医疗器械公司为医药公司做担保。之后医药公司因经营不善陷入经营危机，无力履行合同，制药厂找到医疗器械公司要求其承担责任时，才发现该公司已经被吊销，只是还未到工商部门注销登记，公司空有其名而没有任何财产。这时制药厂才发现自己上当受骗了。

还有一些公司认为，由行政机关提供担保更加可靠，但《民法典》第六百八十三条规定："机关法人不得为保证人，但是经国务院批准为使用外国政府或者国际经济组织贷款进行转贷的除外。以公益为目的的非营利法人、非法人组织不得为保证人。"根据以上规定，行政机关不具有对外担保资格，这样的担保也是不可靠的。

因此，如签订合同涉及担保人时，公司需要严格审查担保人的经营状况，确保其具有承担担保责任的能力。同时，公司也需要对担保人主体身份进行核实，确保其具有担保资格。

抵押财产不检查，是否存在都不知道

有公司认为，了解担保人的资信状况较难，但抵押财产是看得见、摸得到的，因此认为财产抵押十分安全。但事实并非如此，如果公司不对抵押财产进行检查，就会面临风险。

有的公司为了赢得对方的信任，用一项财产重复抵押，使抵押财产的价值远超于被担保的财产价值，却未向签订合同的对方表明实情，从而导致债权人资产流失，抵押权落空。还有的公司抵押的标的物不符合法律有关规定，属于禁止用于抵押的财产，这样的抵押合同是无效的，会导致债权人的财产流失。

《民法典》第三百九十九条规定：下列财产不得抵押：

（一）土地所有权；

（二）宅基地、自留地、自留山等集体所有土地的使用权，但是法律规定可以抵押的除外；

（三）学校、幼儿园、医疗机构等为公益目的成立的非营利法人的教育设施、医疗卫生设施和其他公益设施；

（四）所有权、使用权不明或者有争议的财产；

（五）依法被查封、扣押、监管的财产；

（六）法律、行政法规规定不得抵押的其他财产。

此外，一些公司会用自己没有所有权的财产进行抵押，这也会使债权人遭受损失。例如，某电商公司和某初创公司签订合同时，认为该初创公司规模太小，要求其提供担保。于是该初创公司将其创始人乘坐的一辆汽车作抵押，签订了抵押合同，但并未办理过户。后该公司无力履行合同，电商公司想要将抵押的汽车进行拍卖。但经过查询后才知道该汽车并非初创公司创始人所有，而是借用别人的汽车。这使电商公司遭受不小的损失。

为规避以上风险，在对方公司以抵押财产签订抵押合同时，公司需要对抵押财产进行审查，确保财产可以进行抵押，没有被重复抵押，并且属于对方公司所有。

102　不注明违约责任和处理方式有什么后果

《民法典》第五百七十七条规定："当事人一方不履行合同义务或者履行合同义务不符合约定的，应当承担继续履行、采取补救措施或者赔偿损失等违约责任。"因此，在合同中约定违约条款十分重要，如果不在合同中注明违约责任和处理方式，当对方违约时，公司无法依据合同为自己主张权利。

某团购网站曾与深圳某科技公司合作，让对方帮助其进行网络推广。双方就此事达成了一致协议，约定推广期为一年，推广费用为 20 万元。此后，双方签订了合同。合同中还规定，推广费用分 3 次付清。第一次支付 5 万元定金，时间是在合同签订后一周内。第二次支付 10 万元，时间是在推广工作开始后的第 2 个月。第三次支付剩余的 5 万元尾款，时间是在推广工作开始后的第 10 个月。

该团购网站如约支付了第一次应付的 5 万元。到了第二次约定的交费时间，该团购网站以推广效果不佳为由，拒绝支付应付款项。该科技公司多次派人与其协商无果之后，只好将其告上了法庭。然而，因双方所签订的合同对违约事项及违约责任并没有明确规定，所以，诉讼被法院驳回了。

商业合作的双方完全是因为利益驱动而确定合作关系及开展合作工作的。在这个过程中，双方都需要有明确的条文规定来维护各自的合法权益。如果对违约责任没有明确的规定，一旦合作一方违背了合同约定，即使另一方的合法权益受到侵犯，也无法得到法律的保护。虽然依法签订的合同具有法律效力，但如果合同中关于违约责任没有明确的规定，那么法律也就缺乏了维护诉讼者权益的证据。因此，合同中应包含违约责任条款。违约责任条款一般包括违约责任承担方式、违约责任条款约定、损害赔偿范围、违约金 4 项内容。

1. 违约责任承担方式

当事人一方不履行合同义务或履行合同义务不符合规定时，应当承担继续履行、采取补救措施或者违约赔偿等违约责任。

2. 违约责任条款约定

违约责任条款约定是违约责任条款的核心内容，它应该包括所有可能的违约形式，以及违约补救、赔偿的问题。例如，双方签订的是为期两年的合作合同，那么合同中至少应给出一年之内退出合作关系的赔偿标准，以及一年之后退出合作关系的赔偿标准。因为这两种情况都是极有可能发生的，而且会给合作的另一方带来较大影响，甚至造成较大损失。

3. 损害赔偿范围

当事人一方不履行合同义务或者履行合同义务不符合规定，给对方造成损失的，需要向另一方赔偿损失费。而这个损失赔偿额不能少于因违约规定的赔偿额，以及履行合同义务本可以带来的收益。

4. 违约金

当事人一方因违约给另一方带来了一定的损失，则需要将损失以金钱的方式赔付给另一方当事人。这个违约金可以在合同中直接规定，也可以根据实际情况进行折算。如果合同中事先约定的违约金低于实际损失，当事人的另一方可以请求人民法院或者仲裁机构予以处理。

在注明违约责任条款方面有两种常用的方法，第一是约定专门的违约条款，第二是在明确质量责任、交付责任的同时约定违约责任条款。在约定违约责任时，不能只注明"依法承担违约责任""依法承担赔偿责任"等，这样约定必须承担举证责任，索赔程序也会更加烦琐，因此违约责任条款应明确违约责任实现条件、数额或计算方法，或直接约定违约方支付违约金××元。

口头变更合同未经书面确认，有什么后果

受合同实际履行情况和市场波动变化的影响，合作双方对原合同的合作范围、产品要求、数量、价格、合同期限等内容进行变更是十分常见的。一些公司在签订合同时会通过书面形式确定合同内容，但对合同内容进行变更时，却常常忘记以书面形式补充，仅仅以口头约定代替书面合同。在这种情况下，如果对方公司缺少诚信，在公司履行变更后的约定后不承认变更内容，那么公司在诉讼时也无据可依。

例如，甲工厂和乙工厂签订了购销合同，以每吨 3200 元的价格购买乙工厂 100 吨钢材，分期发货，货到付款。之后，因钢材畅销，价格上升，乙工厂向甲工厂要求每吨加价 200 元。由于甲工厂急需钢材，于是接受了这一价格变更，与乙工厂达成了口头约定。然而在合同履行结束后，甲工厂仍按原合同约定的价格付款。乙工厂因此对甲工厂提起诉讼，但因为缺乏价格变更的证据，故法院未支持其诉讼主张。

总之，如果合作的双方口头变更合同却没有以书面形式确认，那么当一方违背口头约定时，另一方无法提出有力证据保证自己的权益。因此，在履行合同过程中，如果存在合同变更的情况，公司就需要及时更新合同，在新合同生效后再依据新合同履行自己的职责。

未行使法定抗辩权，有什么后果

《民法典》第五百二十五条规定："当事人互负债务，没有先后履行顺序的，应当同时履行。一方在对方履行之前有权拒绝其履行请求。一方在对方履行债务不符合约定时，有权拒绝其相应的履行请求。"

第五百二十六条规定："当事人互负债务，有先后履行顺序，应当先履行债务一方未履行的，后履行一方有权拒绝其履行请求。先履行一方履行债务不符合约定的，后履行一方有权拒绝其相应的履行请求。"

第五百二十七条规定：应当先履行债务的当事人，有确切证据证明对方有下列情形之一的，可以中止履行：

（一）经营状况严重恶化；

（二）转移财产、抽逃资金，以逃避债务；

（三）丧失商业信誉；

（四）有丧失或者可能丧失履行债务能力的其他情形。

当事人没有确切证据中止履行的，应当承担违约责任。

《民法典》赋予合同当事人三大抗辩权：同时履行抗辩权、先履行抗辩权和不安抗辩权，能够有效降低合同风险。如合同约定了履行顺序，公司作为先履行的一方，在有证据证明对方出现财务危机或濒临破产时，可行使不安抗辩权；如公司作为后履行的一方，在对方没有履约合同或合同履行不符合约定时，可行使先履行抗辩权；如合同没有约定履行顺序，双方互负的债务都已经到了清偿期，那么公司在对方履行合同之前或对方履行合同不符合约定时，可行使同时履行抗辩权。

有的公司在签订合同后并不关注对方公司的经营状况和实际履约情况，自己履行了合同，对方公司却因亏损、破产而无法履行合同，使得公司遭受了不必要的损失。

例如，某零件厂和某建材厂签订购销合同，定期向建材厂发货，货到付款。后建材厂陷入经济危机，接连几次延迟付款。零件厂在了解这种情况的背景下，依旧继续向其发货，最终建材厂无力支付货款，导致零件厂遭受损失。如果零件厂在知道建材厂陷入经济危机时，及时行使抗辩权，就可以有效避免损失。

因此，公司需要对抗辩权引起重视。履行合同过程中，在适当的时候行使抗辩权能够帮公司规避合同风险，降低损失。

105 授权未及时收回，被授权人滥用权利是否有效

在经营过程中，公司往往会授权一些员工代表公司对外签订合同，但对于授权的范围和期限却并没有明确规定。在这种情况下，如果员工离职，并且其手中仍有公司的授权凭证，如加盖企业公章的空白合同书、介绍信等，那么这些员工可能会冒用公司名义与他人签订合同。由于公司没有及时收回授权，因此需要对该合同负责。

例如，某服装公司长期授权员工张某向某布料厂订购布料，后张某因违反公司规定被辞退，但服装公司并未及时收回张某手中的授权凭证，也未将此事告知布料厂。之后，张某以服装公司名义订购了 20 匹布料，布料厂按照其要求将布料送至指定地点，随后张某下落不明，布料厂将服装公司诉至法院，法院最终判决服装公司负责偿还该货款。

授权未及时收回，被授权人滥用权利会形成有效合同，也会为公司带来损害。因此，在进行授权时，公司需要明确授权人主体、授权范围、授权期限等，以此规范授权人的行为。在授权结束后，公司需要及时收回授权凭证，避免授权人滥用权利。

第 13 章

客户风险：

客户多真的能保证公司万无一失吗

公司的经营发展离不开和客户的合作，如果客户选择不当，也会为公司经营带来风险。许多公司在客户管理方面十分注重客户的数量，认为客户越多越好，却不重视对客户的审查和管理，导致在之后的合作中引发诸多风险。

106 "海绵客户"可以合作吗

某生产制造公司和某销售公司签订了合作合同，定期向销售公司提供产品，货到付款。在前几次的交易中，销售公司都按时支付了货款，双方也建立了良好的合作关系。

半年后，在某次交易中，销售公司表示最近公司资金运转不畅，想要赊销。基于以往合作的信任关系，该生产制造公司同意了销售公司赊销的请求，向其提供了一批产品。然而几个月过去，货款迟迟没有到账，生产制造公司也无法联系到对方负责人。后经过一番调查，生产制造公司才发现该销售公司已经因资不抵债而破产。

原来，该销售公司表面上看起来发展得很好，但实际上一直依靠各种银行贷款存活，公司名下的资产都被抵押。后来在一次市场波动中，销售公司没有足够的现金流抵御风险，陷入经济危机，最终破产。

上述案例中的销售公司就是典型的"海绵客户"，也是公司在选择客户时需要规避的对象。"海绵客户"即高负债、净资产较低的风险客户，这些公司看起来业务规模大，发展得红红火火，但公司本身并没有什么资产，甚至处于资不抵债的境地。一旦与其合作，当对方因经营不善、市场风险等因素破产时，公司就要承担相应的风险。

因此，为避免和此类"海绵客户"合作，公司在选择客户时要分析对方公司的财务报表，尤其是资产负债表，了解对方公司的负债比重和负债变化趋势。资产负债表如表 13-1 所示。

表 13-1　资产负债表

资　　产	行次	年初数	期末数	负债及所有者权益	行次	年初数	期末数
流动资产：				流动负债：			
货币资金	1			短期借款	33		

续表

资　　产	行次	年初数	期末数	负债及所有者权益	行次	年初数	期末数
短期投资	2			应付票据	34		
应收票据	3			应付账款	35		
应收股利	4			预收账款	36		
应收利息	5			应付工资	37		
应收账款	6			应付福利费	38		
其他应收款	7			应付股利	39		
预付账款	8			应交税金	40		
应收补贴款	9			其他应交款	41		
存货	10			其他应付款	42		
待摊费用	11			预提费用	43		
一年内到期的长期债券投资	12			预计负债	44		
其他流动资产	13			一年内到期的长期负债	45		
流动资产合计	14			其他流动负债	46		
长期投资：							
长期股权投资	15			流动负债合计	47		
长期债权投资	16			长期负债	48		
长期投资合计	17			长期借款	49		
固定资产：				应付债券	50		
固定资产原价	18			长期应付款	51		
减：累计折旧	19			专项应付款	52		
固定资产净值	20			其他长期负债	53		
减：固定资产减值准备	21			长期负债合计	54		
固定资产净额	22			递延税项：			
工程物资	23			递延税款贷项	55		
在建工程	24			负债合计	56		
固定资产清理	25						
固定资产合计	26			所有者权益（或股东权益）：			
无形资产及其他资产：				实收资本（或股本）	57		
无形资产	27			减：已归还投资	58		

续表

资　　产	行次	年初数	期末数	负债及所有者权益	行次	年初数	期末数
长期待摊费用	28			实收资本（或股本）净额	59		
其他长期资产	29			资本公积	60		
无形资产及其他资产合计	30			盈余公积	61		
				其中：法定公益金	62		
递延税项：				未分配利润	63		
递延税款借项	31			所有者权益（或股东权益）合计	64		
资产总计	32			负债及所有者权益（或股东权益）总计	65		

通过以上资产负债表，公司能够了解对方公司的资产、负债情况及所有者权益的对比关系，从而了解对方公司的实际运营状况。同时，资产负债比率 = 总负债 / 总资产，公司可以根据以上公式和资产负债表中的信息计算出对方公司的资产负债率。

此外，除了对对方公司某一时间段的资产负债情况进行分析外，还可以分析对方公司不同年份的资产负债变化情况，根据其趋势判断其经营风险。

例如，某公司的资产负债增减变动趋势如表 13-2 所示。

表 13-2　资产负债增减变动趋势表

公司名称	项　目	2019 年比 2018 年		2020 年比 2019 年	
		增减额（万元）	百分比（%）	增减额（万元）	百分比（%）
某股份有限公司	流动资产	3837.26	9.58	2934.16	6.68
	固定资产	-739.59	-5.76	6595.35	55.23
	资产总额	6353.38	8.12	7762.18	9.11
	负债	6328.68	13.56	3126.84	5.88
	股东权益	25.24	0.08	4632.10	13.66

从上表可以看出该公司的负债率及股东权益的变化，资产规模呈逐年上升的趋势。虽然所有者权益的绝对数额每年都在增长，但是权益增长幅度明显没有负债增长幅度大，该公司负债累计增长了 19.44%，而股东权益仅增长了 13.74%，这说明该公司采用的是高风险、高回报的财务政策，利用负债扩

大公司的资产规模，同时也增大了公司的经营风险。

从资产变化方面来分析，该公司 2019 年度总资产比 2018 年度总资产增长了 8.12%，2020 年度总资产比 2019 年度总资产增长了 9.11%，并且该公司的固定资产投资在 2020 年有了巨大的增长变化，这说明该公司 2020 年度在建设发展项目方面有了很大的改善。总体来看，该公司的资产是在不断增长的，其发展前景是很好的。

从负债变化方面来分析，该公司 2019 年度负债总额比 2018 年度负债总额增长了 13.56%，2020 年度负债总额比 2019 年度负债总额增长了 5.88%，说明该公司的负债总额也是呈逐年上升趋势的，但是其上升比例明显小了很多，这也说明该公司意识到负债带来了高风险，转而采取了较稳健的财务政策。

公司在选择客户时，需要对对方公司的资产负债情况和变化趋势进行分析，避免遇到"海绵客户"。经营稳健的公司资产负债率往往低于 60%，公司经营风险也较小，而如果对方公司的资产负债率高于 80%，那么其经营风险也会大大增加。此外，不同行业公司的资产负债情况不同，建筑行业、金融行业内的公司往往会高负债运营。因此，在分析对方公司的资产负债情况时，公司也需要考虑其行业背景，分析其资产负债情况在该行业内是否正常。

107　没有原则的客户可以合作吗

某电商公司为了扩大市场份额，与几家经销商进行了合作。在这次寻找经销商的过程中，该公司就遭遇了一家没有原则的客户。

在电商公司与这家经销商第一次谈合作时，该经销商检查了电商公司提供的产品，表示其产品十分不错，并谈好了合作的初步意向。但当第二次电商公司带着拟好的合同和该经销商谈合作时，该经销商却表示其他电商公司同类产品的价格比较便宜，因此要求更改之前拟定的价格。双方在这一问题上未达成一致，因此未达成合作。

3 天后，该经销商又联系电商公司，表示愿意接受之前拟定的价格，但是要求电商公司为其提供优惠或附赠赠品，电商公司同意了这一要求。之后，电商公司带着新拟定的合同上门谈合作，该经销商又改变决定，表示不合作了。电商公司几经波折，最终还是没有和该经销商达成合作。

很多公司都曾遇到过上述案例中的客户，这类客户毫无原则，经常改变决定。对于这样的客户，公司应拒绝与其合作，否则即使签订了合同，对方也极有可能随意变更或终止合同，使公司遭受损失。

没有信用的客户可以合作吗

某工厂生产各种玻璃制品，其客户向其订货时，往往采用赊销模式。受市场行情影响，该工厂除了同意信用良好的老客户赊销外，也允许新客户赊销，这为工厂的经营埋下了风险。

一次，某新客户通过赊销方式订购了一批玻璃制品，并在合同中和工厂约定了还款期限和违约条款，但该客户并未在约定还款期限支付货款。工厂只得以邮件、电话等方式催促对方支付货款，但对方却表示销售玻璃制品的资金还未到账。在经过长时间催促且对方依旧没有支付货款后，工厂将其告上了法庭。最终，工厂通过法律手段收回了自己应得的货款和赔偿金，也将这一没有信用的客户拉入了黑名单。

公司接触的客户众多，在遇到不讲信用的客户时，应及时将其拉入黑名单，拒绝与其合作，以免遭受损失。

同时，公司在经营过程中难免遇到不讲信用的客户，应如何规避这种风险？在与客户交易的过程中，公司要把握好方方面面的细节。

（1）在签订合同时，公司要注意规避合同陷阱，明确合同的交易时间、交易方式，双方责任、付款时间和方式、违约责任等，同时注意审查对方公司的资质和合同签订人的资质。

（2）在客户接受货物或服务后，公司应要求对方提交验收证明。在赊销交易中，只有对方提供了验收凭据，公司才能对其提起收款请求。

（3）为顺利收取货款，在还款日期迫近时，公司应及时提醒客户还款事项，要求对方按时还款。

（4）在还款期限已过，客户还未还款，并给出了诸多理由拖延还款时，公司可根据实际情况具体分析。如果在以往的合作中对方信用状况良好，那么公司可适当允许客户延期还款；如果公司与客户是初次合作，并不清楚对方的信用情况，或者对方拒绝沟通、失联等，那么公司就可以通过法律途径维护自己的权益。

除了注意以上细节外，公司也要加强对客户的信用管理，做好客户信息收集、客户资信调查、客户档案管理、客户信用分析等，按照风险程度对客户进行分类，如表 13-3 所示。

表 13-3　客户风险等级评价表

A 级	无风险客户：具有高信誉度的公司，如政府支持的跨国公司、大型公司，可进行信用交易
B 级	可接受风险的客户：发展稳定的公司，有较好的付款记录，无明显信用风险，可按信用额度进行交易
C 级	高风险客户：有不良信用记录，应谨慎给予信用额度或要求对方签订担保协议
D 级	不可接受风险的客户：不能进行信用交易，只接受现金交易

公司可以设定适当的信用等级评价标准，评估不同客户的风险，对于不同信用等级的客户实行不同的管理政策。同时，公司应定期对客户的信用风险进行分析和评价，对于超过信用额度的客户，要及时采取相应的措施。

109 有钱还要一赊到底的客户可以合作吗

某啤酒公司为了应对激烈的市场竞争，经常以赊销方式出售啤酒，而这也为其客户管理带来了很多问题。该公司的客户中有一些经常赊销的经销商，甚至在之前的赊销欠款还未偿还时再次赊销。由于这些经销商和公司合作时间较长，公司也没有取消与他们的合作。

该公司定期都会向这些欠款的经销商要账，有的经销商在公司催促还款时愿意还款，但有的经销商总会以资金未到账、经营困难为由拒绝按时还款。该公司对经销商进行调查时，发现其中的部分经销商并不存在经营困难的情况，甚至其在和其他公司进行合作的时候并没有赊账。啤酒公司对此十分生气，对有钱不还的经销商下了最后通牒，最后终于收回欠款。

创业公司因为知名度等多方面原因，在和客户进行合作的时候，难免会遇到需要赊账铺货的客户。创业公司自身务必要做好财务能力评估。有条件的情况下，对于有良好信用和还款记录的客户，公司可以允许其赊销，并约定账期。但是对于一再赊销、有钱也不按时还款的客户，公司务必谨慎，必要时就要及时与其取消合作。

总之，赊销要因人而异，有钱还要一赊到底的客户无疑是不讲诚信、没有信誉的，与这样的客户合作，公司不仅要在管理方面付出更多的时间和精力，还会面对更多的风险，这对公司的发展是十分不利的。

110 业内公认的黑名单客户可以合作吗

某服装厂为某销售公司供货，双方约定账款月结。等到月末服装厂向销售公司索要账款时，对方却否认双方之间存在合作。服装厂出示了当初的送货单、对账单等，才发现账单上没有对方公司的盖章。而当初合作时，双方也只是口头约定了合作事项，并没有签订合同。由于缺乏证据，服装厂遭受了损失。

后经过多方调查，服装厂才了解到该销售公司是业内公认的黑名单客户，经常以不签合同、不在账单上盖章等手法拒绝还款，一家工厂不供货了就找下一家工厂合作，很多业内的工厂都与其发生过纠纷，最后将其拉入黑名单。了解到这些信息之后，服装厂也将该销售公司拉入了黑名单。

市场竞争大，生意难做，因此一些初创公司在遇到一个有需求的客户时十分心动，即使了解到对方有黑历史也会冒险与其合作，这样的做法往往会使公司遭受损失。对于业内公认的黑名单客户，公司应充分评估风险后再决定是否与其合作。

同时，为避免遭遇以上风险，公司在与客户合作时可以通过多种方法保护自己的利益。首先，在确定合作事宜后，公司需要与客户签订完善的合同，约定双方的责任和违约条款，以便能够以此为依据追责。其次，在进行交易之前，公司可要求客户先支付部分定金，这能够在一定程度上减少公司的损失。再次，在合作的过程中，公司需要记录好每次交易的内容，核对好进货单、对账单等各种凭证，确保账单的有效性。最后，对于一些经营不稳定的客户，公司可要求其签订担保协议或资产抵押协议，降低交易的风险。

 利润至上的客户可以合作吗

　　某服装公司与某代工厂合作，委托其赶制一批服装。协商好合作事宜后，双方签订了合作协议。在合作协议中，该服装公司规定了代工厂需要使用的布料种类、颜色、质量要求，并提供了服装的设计图纸。合作开始后，代工厂提供了一些服装样品，服装公司检查合格，于是代工厂开始批量生产服装。

　　一个月后，代工厂交货，服装公司对服装进行检查时，发现对方使用的布料并不是合同中规定的布料，而使用了一种价格更加便宜、质量很差的布料。服装公司就此事和代工厂进行沟通，代工厂承认为赚取更多费用偷换布料的事实。双方的合作关系因此破裂，虽然服装公司获得了一定的赔偿，但公司没能在销售旺季来临时贮备足够多的服装，最终季度销售额没有达到预期。

　　从以上案例中可以看出，当遇到利润至上的客户时，公司应拒绝与其合作。为了获得更多的利润，这类客户往往会在交易过程中偷工减料，影响公司口碑，即使公司及时发现问题终止合作，也会因此而浪费时间甚至错过发展时机。

 经常变更合同的客户可以合作吗

　　某软件公司接手了一个软件开发项目，在谈合作阶段，该项目客户提出了其对于产品效果的要求，并要求 3 个月内完成，但对产品设计细节没有提出任何要求。软件公司按照客户要求，结合实际，经过逐步分析、研发与测试，在一个月之后提交了产品的初级版本。随后，客户不断地对产品功能和性能提出修改建议。为了满足客户需求，软件公司也在不断地对产品进行调整。

随着不断调整，产品的小漏洞和开发之初没有考虑到的细节问题不断出现，而产品交付日期逐渐迫近。最终，在产品交付时，漏洞还没有被完全修复，从而导致了后续不断的更改与修复。

上述案例展示出与客户合作过程中的一个问题：一些客户喜欢反复修改合同内容。如果公司不能有效解决客户提出的问题，合作事项就会一再调整，合作完成的期限也会一再拖延，这会极大地影响客户的满意度和公司的工作效率。

在合作过程中，随着合作的深入、市场的变化等，客户可以适当更改合同内容。但有一些客户往往只提出一个总的要求，并不了解合作中涉及的技术内容，却总喜欢随意变更合同，给合作的完成增加了诸多困难。对于这样的客户，公司可拒绝与其合作。

同时，为控制合同变更的次数，公司需要做好以下几个方面，如图 13-1 所示。

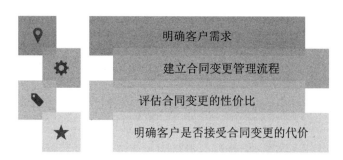

明确客户需求

建立合同变更管理流程

评估合同变更的性价比

明确客户是否接受合同变更的代价

图 13-1　控制合同变更的方法

1. 明确客户需求

在合同签订阶段，公司要明确客户需求，了解客户需要什么样的服务或产品。很多时候，公司能够了解客户大致的需求，但对于一些细节的理解，双方可能存在差异。在这一阶段，公司需要清晰、完整地描述客户需求，并获得客户的认可。

2. 建立合同变更管理流程

在合作过程中，当客户提出变更合同的请求时，公司不能轻易同意，因为客户提出的变更请求可能会和公司当下的工作内容存在冲突，可能合同变更之后，公司之前在此次合作中的投入会白白浪费，或者会加大公司的工作量、延长合作结束日期等。

因此，公司需要建立并和客户约定好合同变更流程。在合同确定后，如果客户提出变更合同的请求，就需要经过变更管理流程的审核。这会大大降低客户提出合同变更的频次，使合同顺利完成。

3. 评估合同变更的性价比

当客户提出合同变更请求时，公司需要向客户表明合同变更产生的成本和收益，明确告知客户哪些变更需要收费，哪些变更可以免费，防止客户随意变更合同。

4. 明确客户是否接受合同变更的代价

如果合同变更会导致合作延期，产生额外的收费等，公司就需要提前和客户讲清楚这些内容。如果客户可以接受变更的代价，那么就可以变更合同；如果客户认为合同变更可有可无，那么就可能会取消变更请求。

第14章

市场风险：

怎样降低非预期损失

公司经营受市场变化的影响，也会面临来自市场的未知风险，如原材料供应不足、市场竞争加剧、消费者消费心理变化、通货紧缩、替代品出现、汇率波动等。公司需要警惕以上市场风险，并通过有效手段避免以上风险。

113 原材料供应不足，产品利润降低

2020 年底，某制造公司进行财务决算时发现，2020 年公司原材料成本支出大幅增加，导致全年利润总额同比增速仅为 2.5%，堪称历史最低。原材料成本支出大幅增加是因为突发的新冠疫情影响了全球原材料供应链，导致市场中的原材料供应不足，价格急剧上涨，公司的成本支出增加，利润大幅缩减。

原材料供应风险是市场中的常见风险，公司应如何应对？

一方面，在和供应商签订采购合同时，公司可以在合同中约定未来一段时间内的采购价格，将未来采购价格锁定，降低原材料价格上升对公司的影响。

另一方面，如果因为缺少原材料而取消订单，公司也会支付大笔违约费用，更不会因为交易获利。因此在原材料供应不足时，为保证运营，公司可以通过以价换量的方式解决原材料供应不足的问题，即接受原材料供应商提出的较高的价格。

如果只接受了较高的原材料成本而不调整产品价格，公司的产品利润就必然会降低。为了保证利润，公司可以适当上调产品价格，同时和客户做好沟通。

怎样和客户沟通产品涨价的问题？首先要给客户一个涨价的预期。在涨价前，公司应提前和客户做好沟通，给客户一个缓冲期，这样等到真正涨价时，客户才不会有太大的心理落差。其次，涨价要有理有据。为获得客户的理解和信任，公司需要将原材料涨价的事实和客户沟通清楚，给出产品涨价的依据。最后，涨价要一步到位。一次性的大幅涨价比三番两次的涨价更容易让客户接受，如果公司频繁涨价，则容易引起客户反感，甚至导致客户流失。

除了涨价之外，公司也可以通过技术改造的方式应对原材料供应不足的问题，提升效益。公司可以改进生产设备，提高产品的生产效率和合格率，提高原材料利用率。例如，公司可以通过打造自动化装配生产线来提高生产

效率和产品优良率，从而提升公司利润。同时，公司也需要做好产品的技术创新，突出产品的性能优势和卖点，这样在和客户谈判时，客户才能够更容易地接受涨价。

 供应商货物出现品质问题，产品供需链断裂

某服装制造公司计划在夏季来临前推出一批夏季服装，并和布料供应商签订了分批采购合同，和部分经销商签订了销售合同。布料供应商提供的第一批布料到货后，公司就开始了生产。

一个月后，布料供应商提供的第二批布料到货后，公司质检部门发现这批布料存在质量问题，根本不能用于生产。和布料供应商进行沟通时，对方承认自己货源紧张，以次充好。虽然服装制造公司可以依据双方签订的违约合同获得一笔违约金，但当下的问题却难以解决，公司无法在规定时间内完成生产并向经销商供货，最终因主动解约，服装公司也向经销商赔偿了违约金。

在以上案例中，由于原材料供应商提供的布料出现质量问题，该服装制造公司的产品供需链也走向了断裂，这反映出该服装制造公司在供应商管理方面存在缺陷。为避免陷入以上危机，公司需要做好供应链管理，建立供应商管理体系，提高供应链抗风险能力。

首先，公司要严格把控供应商的审核与准入，建立供应商准入制度，对供应商进行以下方面的审核。

（1）了解供应商的基本档案资料，如营业执照、税务登记证、组织机构代码、质量体系认证以及其他有关证书等。

（2）了解供应商的财务状况，根据供应商的资产情况和现金流情况分析其财务实力，根据供应商的销售额和净利润分析其获利能力。

（3）对供应商提供的货物进行质量审核，确保货物质量能够满足公司生产要求。

（4）对供应商的历史履约情况进行调查，分析其运营能力和信用状况。

其次，公司要定期对供应商进行考核，持续对其进行监督，明确其是否能够实现预期绩效。公司需要指派相关业务人员记录公司与供应商的交易与各项活动，并对供应商进行考核，考核内容包括供货质量、供货服务、技术考核等。

最后，公司需要对供应商进行分类管理，随时补充优质供应商。公司可按照供应商供应的货物种类对其进行分类。为保证货物的竞争性，每一类供应商最好不要低于 3 家。如果发现某一类别的供应商数量不足，需及时补充。如果此前的供应商在供货质量、响应速度等方面存在严重问题且难以改善，那么公司也应及时终止与其的合作，同时引进更优质的供应商。

115 新的竞争者突然出现，市场份额降低

某乳制品公司在当地颇具知名度，其产品受到了当地消费者的认可，公司发展蒸蒸日上。另一家乳制品公司强势进入该地市场，通过多重促销活动迅速吸引了消费者的注意力。在激烈的竞争下，该乳制品公司的市场份额不断降低。为了应对竞争，该乳制品公司虽然也开展了促销活动，但并不占优势，最终败下阵来。

市场竞争十分激烈，出现新的竞争者也是常有的事。那么，公司应如何应对这一问题？事实表明，单纯的价格战并不能从根本上解决市场竞争的问题，公司必须制定合适的竞争力策略，提高自身市场竞争力。

一方面，公司要对目标市场进行细分。在制定市场竞争策略时，聚焦于目标市场的策略才是有效的。公司需要针对细分市场、细分消费者制定有针对性的竞争策略。在制定好策略后，公司需要组织自身资源，将这些资源集中在某一细分市场上，提高产品在该细分领域的竞争力。

另一方面，公司要想发挥出自己的竞争优势并在细分市场中脱颖而出，就要具备经营特色，打造自身在技术、产品方面的竞争力。为此，公司需要

强化自身技术，通过技术开发和工艺创新取得新的研发成果，推出新的产品。如果新产品能够满足消费者需求，更具竞争优势，公司就能够掌握市场竞争主动权，从而更加从容地应对市场竞争。

116 消费心理发生变化，产品需求量减少

消费者在购买产品时面临着多样选择，同时其购买行为受价格、质量、广告宣传、流行趋势等多种因素影响。消费者的需求偏好和消费心理变化影响其对产品的需求和购物选择，可能会导致产品需求量减少，这会引发公司的市场风险。

为了规避这一风险，公司需要调研、分析目标消费者的消费心理，并针对性进行推广与引导。一般来说，消费者的消费心理主要有以下几种。

1. 从众心理

许多消费者在购买产品时会搜索同类产品中的爆款，这充分体现了消费者的从众心理。为满足消费者的这一心理，公司可以通过低价促销、品牌联名等方式打造出爆款产品，吸引更多消费者的目光。

2. 权威心理

具有权威认证的产品更容易获得消费者认可，这体现的就是消费者的权威心理。为此，公司需要为产品寻找背书。一般来说，公司可以为产品打造以下几种背书。

（1）媒体背书：一些权威的媒体品牌在消费者群体中有广泛的认知度和较高的信任度，当这些媒体为产品背书时，消费者就会将对媒体的信任转嫁到对应产品上。例如，当某产品被央视等权威媒体认可或称赞时，消费者就会认为该产品值得信赖。

（2）名人背书：名人背书十分常见，例如很多公司都会启用明星担任代言人，明星的影响力会影响消费者的消费心理和消费选择。

（3）第三方认证：第三方认证包括正式和非正式两种。正式的第三方认证包括 ISO9001（质量管理体系标准）认证、3C 认证（China Compulsory Certification，中国强制性产品认证）、中国名牌、著名商标等由第三方机构颁发的认证书。非正式的第三方认证包括官方销量数据、公司身份、与权威机构的合作关系、权威机构颁发的奖项等。

（4）创始人个人背书：很多公司的创始人都以自身信誉为产品代言，这也能够加深消费者对产品的信任。

3. 追求实惠的心理

消费者在购物时往往存在追求实惠的心理，故而当产品促销时，总会吸引更多的消费者。因此，公司可以通过满减、折扣等优惠手段吸引消费者购买产品。

在了解以上心理的同时，公司还要对产品目标消费者的消费心理进行调查，明确消费者注重的是产品价格还是产品质量，并在此基础上制定相应的策略。

 # 117 市场替代品出现，产品销量下降

市场中的产品不断更新换代，产品也很容易遭遇替代品的威胁。当市场中出现产品的替代品时，公司应如何应对？

首先，要合理规划产品组合。公司需要分析自己的产品系列，对比不同种类产品的利润，适当裁减不能创造利润或者利润很低的产品，保障公司的产品资源。同时，要结合市场竞争状况和消费需求合理组合规划产品，将资源集中于优势产品上。

其次，需要进行产品迭代，打造产品的差异化。在这方面，公司可以对产品的性能进行升级优化，提升产品竞争力，或者改变产品的包装、大小等，打造产品差异性。

最后，如果替代品具有很强的竞争优势，公司产品难以在市场中存活，那么就需要通过价格战术、加大推广等延缓产品退出市场的时间，并在此期

间内积极进行产品研发，及时推出新产品。这样当旧的产品被市场淘汰后，公司还可以依靠新产品发展。

市场中出现替代品会对公司造成巨大的冲击。在日常经营中，建议公司建立良好的产品规划体系，保持产品的竞争优势，同时注重新成品新技术的研发储备，推出不同种类、不同系列的产品。这样当市场中出现某一种产品的替代品时，公司也能够更加游刃有余地应对。

118 贸然开拓新市场，公司发展受阻

某餐饮公司经过五年多经营，发展趋于稳定，在多个大城市开设了十余家餐厅，公司利润十分可观。为进一步发展，公司决定下沉大城市周围的二三线城市，在这些城市中开设更多餐厅。

餐厅开起来后，经营效果却远不如预期。餐厅刚开业时的确吸引了一批消费者前来消费，但其高昂的价格难以在周围一众平价餐厅中显现出竞争优势，来餐厅的消费者越来越少。没多久，餐厅就陷入了入不敷出的困境。

上述餐饮公司开拓市场的失败是必然的，在决心进军二三线城市之前，公司并没有对目标市场进行调查，没有了解目标市场的竞争环境、消费者需求等，贸然进入最终导致失败。公司开拓新市场是必要的，但必须规避其中的各种风险。

一方面，在开拓市场初期，公司必须要对目标市场进行调查，了解目标市场的竞争情况和消费者需求，分析目标市场中的机遇和威胁，并据此制定完善的市场开拓规划和风险防控计划。如果在调查中发现当前产品不符合目标市场中消费者的需求，或者在目标市场中不具备竞争优势，公司就需要有针对性地推出新的产品。

另一方面，初创公司需要了解自身实力，根据企业资源与能力安排市场拓展。开拓市场是一个循序渐进的过程，公司可以先在小范围内投放产品，试探市场反应，以此调整策略。这样的方式也能够减少产品大量生产和积压。

如果市场反应良好，那么就可以逐步扩大市场范围和投放品种，同时引入区域代理商，通过直销和分销相结合的方式提升产品销量。当然部分起点较高、有一定实力的创业公司，为了快速抢占市场，建立消费者品牌印象，在充分调研和评估的基础上，可以同步复制、快速铺店。

119 信息不对称引发市场交易问题

交易中的信息不对称是指交易双方所掌握的信息是不均等的，其中一方掌握的信息较多，而另一方掌握的信息较少。掌握较多信息的交易方具有信息优势，掌握较少信息的交易方处于信息劣势。市场中的交易各方都可能在某些方面处于信息劣势，而在其他方面处于信息优势。例如，在产品质量、成本等信息方面，公司处于信息优势而消费者处于信息劣势；而在产品需求信息方面，消费者处于信息优势而公司处于信息劣势。

对公司来说，信息不对称会引发诸多风险。

首先，信息不对称使得公司难以生产出适销对路的产品，这主要表现在两个方面。一方面是公司不清楚消费者对于产品的需求，导致生产出来的产品难以销售；另一方面是公司没能将产品信息告知目标消费者，或者没有找到目标消费者。

其次，公司不了解消费者对于产品的反馈。当公司与消费者交易成功后，公司无法了解到产品的使用情况，也不知道消费者对产品是否满意。消费者的满意情况会影响其今后的消费意向，也会影响到其他消费者的消费意向，从而对市场交易情况产生影响。

公司应如何解决信息不对称引发的市场交易问题？

一方面，公司要进行动态市场调研。通过市场调研，公司可以了解消费者需求，降低信息不对称的程度，从而生产适销对路的产品。同时，消费者需求具有可变性，公司要对消费者需求进行动态了解，要挖掘消费者的潜在需求，也要掌握消费者需求的变化，并据此推出产品或对产品进行更新，使公司生产的产品始终与消费者需求相吻合。

　　另一方面，公司要注意消费者反馈信息的收集和分析。一些消费者在使用产品后会主动向公司提出意见或建议，公司应重视这些消费者的反馈。同时，为获得更多消费者的反馈，公司也要打通线上线下多种反馈渠道，通过各种社交平台、调查问卷、线下活动等收集消费者反馈信息。通过收集和分析消费者的反馈信息，公司能够针对消费者不满意的因素进行改进提升，以便更好地满足消费者的需求。

第 15 章

投资并购风险：

并购怎样才能保证强强联合

公司发展过程中往往会涉及投资并购问题。好的投资并购能够实现"1+1>2"的效果，但若投资并购失败，则可能引发诸多风险，比如创始人失去控制权、股东纷争、财务风险等。因此，在投资并购过程中，公司需要进行科学决策，签订完善的投资并购合同，合理规避风险。

120 引入投资导致控制权旁落

对于公司创始人来说，股权融资的最大风险就是控制权旁落。由于投资人出资获得公司的一部分股权，必然导致创始人的控制权被稀释。随着后续投资人的不断加入，创始人的控制权不断被稀释，最终有可能丧失实际控制权。

因为股权融资而丧失控制权的案例并不少见。

某电商公司创始人就因为控制权旁落离开了自己一手创办的公司。该电商公司经过多年发展，市场规模不断扩大，需要更多资本来维持运营。为了获得更好的发展，电商公司创始人与业内巨头 A 公司达成合作，获得了 A 公司的战略投资。

A 公司希望通过投资该电商公司拓展自身业务，推动自身发展。合作达成后，A 公司向该电商公司投资 6000 万元人民币，获得了电商公司 40% 的股份。有了充足的资金，该电商公司销售额有了很大突破，发展势头强劲。

但此时，电商公司的发展已经暗含危机。股权融资之后，电商公司创始人持股比例降至 45%，这是十分危险的。虽然创始人还是公司的最大股东，但是其对公司的控制权随时都会丢失。

后来，A 公司通过吸收电商公司其他小股东手里的闲散股份，最终持股比例得到了 51%，进而取代创始人成为电商公司的最大股东。在随后经营过程中，A 公司主张持续扩张，而创始人认为电商公司此前一直在扩张，应在以后采取稳健的发展策略。此事引发了双方之间的矛盾，失去控制权的创始人无法左右公司的发展，最终选择离开自己一手创建的公司。

以上案例表明，创业者通过股权融资引入外来资本时，首先需要考虑防止控制权旁落的问题。

首先，创业者不能为了高估值做不切实际的业绩保证或者不合理的人员安排保证。一般来说，投资人向一家创业公司投资时，一定会为了保护自身利益要求与创业者签订投资协议。投资协议的内容可能包括了让创业者提供业绩保证或者董事会人员安排保证等，创业者要充分认识投资协议的重要性，客观估计公司的成长能力，保证投资协议的签订不影响自己对公司的控制权。

其次，创业者要正确认识投资协议的对赌性，尽量避免签订对赌协议。对赌协议的核心在于，如果创业者不能完成一定业绩，就需要按照约定的计算方法向投资方支付货币补偿，或向投资方转让股权，或向投资方回购目标公司股权。也就是说，一旦公司经营不善，创业者就面临着破产或者失去公司控制权的风险。如果一定要签对赌协议，创业者需要谨慎估算自己未来的财务预期。

最后，当投资人要求进入董事会时，创业者一定要首先保证人员安排可以代表自己的利益。如果创业者在股权方面拥有绝对控制权，但是在董事会中无法体现自己的意志，那么其所拥有的控制权也是不完整的。创业者应当在投资协议以及公司章程中对投资人获得的董事会席位、如何行使董事权利、在怎样的条件下行使权利、行使权利的期限以及对董事会行使权利不当时的救济等条款作出详细规定。

 投资者要求一票否决权，应如何应对

在公司引入投资的时候，投资者可能会要求在公司一些事项的决策上具有一票否决权，对于这一要求，公司应该如何应对？

通常情况下，一票否决权的范围包括股东会决策和董事会决策两类，具体内容如表 15-1 所示。

表 15-1 一票否决权的范围

项 目	具 体 内 容
关于公司重大事项的股东会决策	融资导致的股权结构变化； 公司合并、分立或解散； 涉及股东利益分配的董事会以及分红； 股东会决策通常会涉及公司章程变更等
关于公司日常重大事项的董事会决策	终止或变更公司主要业务； 高层管理人员的任命与免职； 对外投资等预算外交易； 非常规借贷或发债； 子公司股权或权益处置等

一票否决权的范围虽然广泛，但针对这一条款有很大的谈判空间，公司可以接受投资者一票否决权的请求，同时限定其在特定事项上使用一票否决权的条件。

例如，当公司以不低于特定估值被收购时，投资者不可以使用一票否决权。这可以避免投资者对回报期望太高，阻止收购。同时，公司也可以将一票否决权的范围限制在对投资者利益有重大损害的事项上，或者要求一票否决权的行使需要过半数股东同意，以此进一步约束投资者行为。

同时，公司是否接受投资者的一票否决权，还要依据投资者的投资金额以及股权比例判定。如果投资者的投资额度较小，获得的股权较少，公司可以拒绝投资者一票否决权的请求；如果投资者进行了较大额度的投资或进行了多次投资，公司可依据其投资额度和股权比例给予其一票否决权。

122 股权转让可能侵害其他股东的优先购买权

什么是优先购买权？有限责任公司的股东向股东以外的人转让股权时，其他股东享有以同等条件优先购买该转让股权的权利。如果公司股东未经其他股东同意向股东以外的人转让股权，就会侵害其他股东的优先购买权。

2020 年 7 月，某公司创始人廖某在没有告知公司另一股东汪某的情况下，将其持有的公司 70% 的股权转让给陈某，使汪某的优先购买权遭受了极大的损害。2020 年 12 月，汪某就此事向法院提起诉讼，请求撤销廖某和陈某签订的股权转让协议。

在法庭上，廖某称将公司 70% 的股份转让给陈某不是自己的真实意愿，是被陈某威胁、强迫所致，股权转让属实，自己也支持汪某的诉讼请求。

《公司法》第七十一条规定："有限责任公司的股东之间可以相互转让其全部或者部分股权。

股东向股东以外的人转让股权，应当经其他股东过半数同意。股东应就其股权转让事项书面通知其他股东征求同意，其他股东自接到书面通知之日起满三十日未答复的，视为同意转让。其他股东半数以上不同意转让的，不同意的股东应当购买该转让的股权；不购买的，视为同意转让。

经股东同意转让的股权，在同等条件下，其他股东有优先购买权。两个以上股东主张行使优先购买权的，协商确定各自的购买比例；协商不成的，按照转让时各自的出资比例行使优先购买权。

公司章程对股权转让另有规定的，从其规定。"

由以上法律条文可知，股东向股东以外的人转让股权时须经其他股东过半数同意，同时其他股东在同等条件下对转让股权具有优先购买权。在以上案例中，廖某向股东以外的陈某转让股权应经过汪某的同意，廖某与陈某之间的股权转让协议违反了上述《公司法》第七十一的规定，损害了汪某的权益。因此对于原告请求撤销廖某和陈某签订的股权转让协议的诉讼理由成立，法院支持了其主张。

因此，公司股东在进行股权转让时，应考虑到其他股东的优先购买权，就股权转让事项以书面形式征得其他股东的意见，并根据其他股东的反馈结果决定将股权转让给其他股东或者股东之外的人。

123 并购中信息不对称引发风险

很多公司都通过并购实现规模扩张和财富增长，在这一过程中，并购双方信息的不对称会给公司并购带来巨大风险，主要表现在以下几个方面。

1. 并购前的估值阶段

在并购交易中，对目标公司价值的评定是并购交易双方价格谈判的基础。但是，并购双方关于目标公司真实资产状况信息的不对称性，影响了并购公司对目标公司价值的准确把握，使并购交易定价存在风险。

具体而言，在公司并购中，并购公司对目标公司进行估值时，评估方法的选择、评估参数的确定等都取决于并购公司对客观资料的搜集和掌握情况。

在这一过程中，目标公司可能会有选择地披露一些有利信息，从而加剧估值的不确定性，增加并购公司的估值风险。

2. 公司并购阶段

在公司并购阶段，信息不对称会导致财务报表不能准确反映目标公司的财务情况。这些不准确的财务数据会干扰并购公司对目标公司的价值判断和盈利能力判断，影响并购价格的确定。同时，在并购整合过程中，如果员工与管理层之间掌握信息不对称，则容易出现理解误差，导致人员流失。

此外，并购双方在成长经历、市场环境等方面可能存在差异，并购完成后，并购双方深入的资源、结构整合，会对此前的营销机制、销售渠道等产生影响，如果市场方面的信息不对称，就会对双方的市场整合造成障碍。

为规避以上风险，公司在并购中需要做好以下几个方面，解决信息不对称的问题，如图 15-1 所示。

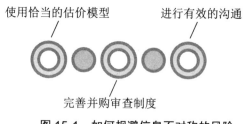

图 15-1　如何规避信息不对称的风险

1. 使用恰当的估价模型

公司可以利用恰当的估价模型对目标公司进行估价，如采用清算价值法对目标公司进行价值评估，将得出的价格作为并购定价的下限；采用现金流量法对目标公司进行价值评估，将得出的价格作为并购定价的上限，以此划定定价的范围，之后再通过与目标公司的讨论确定最终并购价格。此外，公司还可以聘请经验丰富、资质良好的中介机构对目标公司进行价值评估，比如会计师事务所、资产评估事务所等，都能够为公司并购提供必要的帮助。

2. 完善并购审查制度

公司需要完善并购审查制度。首先，公司需要对目标公司的财务状况进行审查，了解目标公司是否隐藏了部分不利信息，如未决诉讼、负债信息等。

其次，公司要防止目标公司利用关联交易转嫁风险。目标公司为其他公司提供的抵押担保可能会形成并购公司的负债；关联公司之间以非市场价格进行的非货币性交易转移资产，可能会使得目标公司的资产价值虚高，增加并购公司的并购成本。最后，公司要重视法律审查，检查目标公司的各项业务是否符合法律规定，规避并购中的法律风险。

3. 进行有效的沟通

在并购过程中，公司要加强与目标公司的沟通，消除员工对于并购行为的误解，同时通过有效沟通实现双方公司在资源、市场、文化等多方面的整合。公司需要做好员工思想动员，通过多方宣传加深员工对并购的认知。在并购整合中，公司也要通过各种会议传达整合决策，并注意倾听员工的反馈。

124 公司合并时，公司债务应由谁承担

在公司合并过程中，目标公司的债务情况是公司的重要关注点。如果目标公司存在债务，那么在合并后，其债务就可能需要公司承担。

2020 年 4 月，某科技公司与某创业公司签订了收购协议，以 1200 万元的价格收购了该创业公司。在随后进行财务整合时，科技公司发现创业公司有 200 万元债务。科技公司要求创业公司清偿债务，创业公司却以收购协议未涉及债务清偿条款为由拒绝偿还债务，最终这笔债务成了科技公司的负担。

《公司法》第一百七十四条规定："公司合并时，合并各方的债权、债务，应当由合并后存续的公司或者新设的公司承继。"

同时，第一百七十三条规定："公司合并，应当由合并各方签订合并协议，并编制资产负债表及财产清单。公司应当自作出合并决议之日起十日内通知债权人，并于三十日内在报纸上公告。债权人自接到通知书之日起三十日内，未接到通知书的自公告之日起四十五日内，可以要求公司清偿债务或者提供

相应的担保。"

由以上法律条款可知，目标公司的债务在合并之后，由之后的公司继承。同时公司也可以和目标公司以协议形式明确债务处理方式。

在合并之前，公司需要对目标公司的财务信息进行全面仔细的梳理，在此基础上准备一份资产调查清单，并请对方公司签字确认。同时，在进行价格谈判时，目标公司的负债情况也能够成为公司谈判的筹码，保证公司的利益。

 并购重组中如何规避税务风险

公司并购重组过程中，潜藏着许多税务风险，公司需要对此引起重视，并通过有效手段规避风险。并购重组过程中的税务风险主要表现在以下几个方面。

1. 历史遗留税务问题

在股权收购过程中，被收购公司的历史遗留税务问题会被新公司承继，其中可能存在的历史遗留税务问题包括假发票、纳税申报违规、偷税、欠税等。例如，某文化公司于 2020 年通过股权并购方式收购了某传媒公司 55% 的股份，随后在 2021 年初，该传媒公司被税务稽查机关发现其 2018 年至 2019 年经营年度存在偷税问题，需要补交税款及滞纳金 2000 万元。由于在文化公司与传媒公司的收购合同中并未规定历史遗留税务问题应如何处理，因此这一经济损失只能由文化公司承担。

2. 税务架构不合理引起的风险

对于跨国并购来说，公司架构税务筹划十分重要，不同国家或地区之间适用的税收政策不同，并购架构会导致不同的税负差异。

3. 缺少税务规划引起的风险

并购重组交易方式分为股权收购和资产收购两种。通过股权交易进行并购重组时，被收购公司的税务风险会由新公司承继，而选择资产交易方式则不会继承税务风险。同时，资产交易方式涉及动产、不动产产权变动带来的增值税、营业税、土地增值税等税负，而股权交易方式一般不涉及流转税以及土地增值税。

4. 未按规定申报纳税引起的风险

在进行股权转让时，未按规定申报纳税会引发税务风险。国家税务总局下发的《关于加强股权转让企业所得税征管工作的通知》中提出："对股权转让实施链条式动态管理""实行专家团队集中式管理""加强信息化建设"等。为规避这方面的税务风险，公司需要按规定申报纳税。

5. 特殊性税务处理不合规引起的风险

特殊性税务处理能够实现递延纳税，节约现金流。《关于促进企业重组有关企业所得税处理问题的通知》第五条规定：企业重组同时符合下列条件的，适用特殊性税务处理规定：

（一）具有合理的商业目的，且不以减少、免除或者推迟缴纳税款为主要目的。

（二）被收购、合并或分立部分的资产或股权比例符合本通知规定的比例。

（三）企业重组后的连续12个月内不改变重组资产原来的实质性经营活动。

（四）重组交易对价中涉及股权支付金额符合本通知规定比例。

（五）企业重组中取得股权支付的原主要股东，在重组后连续12个月内，不得转让所取得的股权。

同时第六条第二项规定："股权收购，收购企业购买的股权不低于被收购企业全部股权的50%，且收购企业在该股权收购发生时的股权支付金额不低于其交易支付总额的85%，可以选择按以下规定处理：

1. 被收购企业的股东取得收购企业股权的计税基础，以被收购股权的原有计税基础确定。

2. 收购企业取得被收购企业股权的计税基础，以被收购股权的原有计税基础确定。

3. 收购企业、被收购企业的原有各项资产和负债的计税基础和其他相关所得税事项保持不变。"

公司并购重组适用特殊性税务处理要满足以上条件，同时，符合条件的公司需要到税务机关备案。如果公司符合上述条件，但没有备案，也未做纳税申报，则会被税务机关认定为偷税。

收购方可以通过以下手段控制并化解潜在税务风险。

首先，收购方需要在并购重组前进行税务尽职调查，识别并购公司隐藏的税务缺陷，以便决定交易是否继续，是否要重新评估交易价格等。通过税务尽职调查，收购方也可以全面了解被收购方的营运情况，发现税务优化的机遇等。其次，收购方需要规划并购税务架构和交易方式。公司并购中应结合公司战略、经营情况，选择最优并购税务架构和交易方式，如通过事前规划进行特殊性税务处理，可节约巨额资金。最后，收购方需要提升并购税务风险管理水平。收购方需要按照相关文件要求，及时申报纳税。

 并购整合过程中的不协同风险

公司并购的一大动因是获得更好的发展，为了实现这一目标，并购后的公司必须要实现经营、管理等方面的协同。但是在公司并购整合过程中，存在诸多不协同因素，使公司经营面临风险。

1. 管理风险

并购之后公司的管理人员能否得到合适配备，能否找到得当的管理方法，管理手段是否具有一致性、协调性等，都是不确定的，存在管理风险。

2. 规模经济风险

公司并购后规模扩大、成本支出大幅增加，在这种情况下，如果规模不经济，生产规模扩大未带来效益的增长，就会引发风险。

3. 范围经济风险

范围经济风险指的是公司在完成并购后，不能够实现核心技术的融合利用，无法依靠核心技术开发多种产品，难以实现范围经济，只是低水平重复生产。这种风险因素对于公司的发展是十分致命的。

4. 企业文化风险

如果并购双方的企业文化存在较大差异，并购后难以形成共同的经营理念、团队精神等，同样会带来风险。

那么，公司应如何防范并购整合中不同方面的不协同风险呢？

首先，在生产经营整合方面，公司并购后，其核心生产能力必须要满足公司规模扩大的需要，根据经营目标调整经营战略和产品结构体系，统一生产线，使生产协调一致，取得规模效益。

其次，在管理制度整合方面，公司需要提炼双方管理优势，优化管理制度，并将其落实在公司管理过程中。对于被收购公司不合理的、落后的管理制度，公司需要及时进行更新，保证目标公司能够更好地发展。

再次，在人员整合方面，公司要选择合适的管理人员进入被并购公司，同时进行必要的人员调整。也要及时与被并购公司的人员进行沟通，通过面谈、培训等形式对员工做好思想工作，保持良好的沟通。此外，公司也需要对全部员工信息进行整合，建立新的人事数据库和人才梯队等。

最后，在企业文化方面，公司需要对两个公司的文化进行比较，借鉴对方公司的优秀企业文化，对原本的企业文化进行补充完善，并以制度形式将新的企业文化确定下来。

127 对赌协议里到底藏了多少致命陷阱

"对赌"是投资并购双方常用的保障投资安全的手段。对赌协议又称估值调整协议，是投资并购双方在达成投资并购协议时，为解决双方对企业未来发展的不确定性而设计的，包含股权回购、金钱补偿等对未来企业的估值进行调整的协议。

当投资并购双方对企业现有价值有争议时，可利用对赌协议，将暂时无法谈妥的争议点搁置，共同设定企业未来的业绩目标，在约定的未来节点，根据企业业绩目标的完成情况调整公司估值和双方权益。

如果投资并购方发给创业者的投资并购合同包含对赌协议，那么创业者就要小心了，因为它被业内人士称为"魔鬼协议"。对赌协议意味着，一旦企业经营不善，创业者就面临着破产或者失去控制权的风险，后果非常严重。

对赌协议中的规定通常分为六个部分，即财务业绩、非财务业绩、赎回补偿、企业行为、股票发行、管理层去向。其中，财务业绩是对赌标的中最常见的形式。对赌协议通常会根据上述六个部分，对达到目标和未达到目标进行分别规定和解释，以其中的财务业绩为例，在达到目标时，一般会作出如下规定：

"如果完成一定销售额、总利润或税前利润、净利润或利润率、资产净值或几年内的复合增长率等财务性指标，则投资者按照事先约定的价格进行第二轮注资或出让一部分股权给原企业股东。"

在未达到目标时，对赌协议也会有相应的规定，具体如下：

"如收入未达到目标，则原公司股东应当向投资者进行现金补偿，其补偿的方式根据公式进行计算：应补偿现金＝（1－年度实际经营指标÷年度保证经营指标）×投资者的实际投资金额－投资者持有股权期间已获得的现金分红和现金补偿。"

从上面的示例条款来看，对赌协议签订后，企业必须达成规定的业绩目标，否则就会失去相应的权益。这对于企业的长期发展来说，存在着很大风险，而且很有可能会出现创始人由于股权逐渐减少被"扫地出门"的情况。

为了避免遭受不必要的损失，创业者必须了解对赌协议的四大风险。

第一，业绩目标不切实际。

创业者经常混淆了"战略层面"和"执行层面"的问题。如果对赌协议中约定的业绩目标不切实际，当投资者注入资本后，常常会将企业引向不成熟的商业模式和错误的发展战略。最终，企业将会陷入经营困境，创业者必定对赌失败。

第二，创业者急于融资，忽视了内外部不可控风险。

如果创业者急于获得高估值融资，而且对于企业的未来发展过于自信，常常会忽略内部和外部经济环境的不可控风险，认为自己与投资者的要求差距小甚至无差距，从而作出错误的约定。

第三，创业者忽略了控制权的独立性。

忽略控制权的独立性是大多数创业者犯的错误。创业者与投资者本应互相尊重，但是不排除投资者因为某些原因向目标公司安排高管，插手企业的日常经营和管理。在这种情况下，企业的业绩是好是坏都会受到投资者左右，所以签订对赌协议后，怎样保持控制权的独立性还需要创业者高度重视。

第四，对赌失败失去控股权的风险。

条件温和的对赌协议还好说，如果遇到对业绩要求极为严苛的对赌协议，创业者就有可能因为业绩低于预期而失去控制权。

认识到对赌协议的风险，创业者就可以理解为什么对赌条款会被认为是"魔鬼条款"。那么，创业者应该如何规避对赌条款及其风险？

创业者需要谨记：致命对赌要不得，具体而言，创业者需要考虑以下 3 个方面。

1. 投资者的背景

很多创业者认为只要投资者能够给项目投资就行，其他的不重要。但往往就是因为创业者没有事前调查清楚投资者的背景，以至于在实施项目过程中会有一系列问题显现，例如投资者的资金不到位，投资者过多地干预项目管理等。

2. 投资者的价值

创业者在与投资者签署协议之前，要明确项目需要什么样的价值以及投资者是否能够为项目带来相应的价值。刚起步的创业者不仅需要志同道合的人才，还需要行业专家对市场进行分析并提供建议。

3. 投资者的预期

在接受投资者的投资之前，创业者首先要知道投资者的预期回报。一些拥有超高预期的投资者加入项目后，若遇到利益冲突，他们就会为了自己的利益做一些对项目不利的事情。

如何通过合同应对投资并购中的风险

在投资并购过程中，公司需要面对诸多风险，其中许多风险都是由于不可控因素导致的，为规避这些风险，在签订投资协议、并购协议或对赌协议过程中，创业者需要认真分析合同条款，保证合同的严谨性。

（1）创业者要充分考虑各种意外，设置例外条款。在作出对赌承诺前，创业者应充分考量影响承诺实现的不可控因素。如果一定要作出超出掌控能力的承诺，创业者就要充分考虑该承诺的风险，并设置例外条款。

（2）创业者要设置保底、底线条款。投资者设置的条款往往体现自己的利益，如果没有专业的法律顾问解释这些条款的意义，创业者往往无法理解这些条款的严重性，比如可能会失去公司的控制权，或者在不知情的情况下对投资者承担无限责任。所以，创业者需要寻求法律顾问的帮助，充分了解条款的利害关系，并就此设定保底条款。例如，创业者需要保证不会因为估值调整、反稀释条款而丧失对公司的控制权，在发生赔偿的情况下，创业者不承担无限责任，或者作出承担无限责任的回购承诺等。

（3）创业者和投资者需要就所依据业绩目标和业绩计算方法是否可控进行谈判。如果创业者对于公司的经营管理没有控制权，那么是否能够通过努力达到业绩目标，业绩应如何计算，是否存在第三方操控因素等，这些都会为对赌的结果带来不确定性。创业者需要和投资者进行充分沟通，并在起草条款时最大限度地保护自己的利益。

附　录

附录 1 《公司登记管理条例实施细则》摘要

第一章　登记范围

第二条　具备企业法人条件的全民所有制企业、集体所有制企业、联营企业、在中国境内设立的外商投资企业（包括中外合资经营企业、中外合作经营企业、外资企业）和其他企业，应当根据国家法律法规及本细则有关规定，申请企业法人登记。

第三条　实行企业化经营、国家不再核拨经费的事业单位和从事经营活动的科技性社会团体，具备企业法人条件的，应当申请企业法人登记。

第四条　不具备企业法人条件的下列企业和经营单位，应当申请营业登记：

（一）联营企业；

（二）企业法人所属的分支机构；

（三）外商投资企业设立的分支机构；

（四）其他从事经营活动的单位。

第五条　外商投资企业设立的办事机构应当申请登记。

第六条　省、自治区、直辖市人民政府规定应当办理登记的企业和经营单位，按照《条例》和本细则的有关规定申请登记。

第三章　登记条件

第十四条　申请企业法人登记，应当具备下列条件（外商投资企业另列）：

（一）有符合规定的名称和章程；

（二）有国家授予的企业经营管理的财产或者企业所有的财产，并能够以其财产独立承担民事责任；

（三）有与生产经营规模相适应的经营管理机构、财务机构、劳动组织以及法律或者章程规定必须建立的其他机构；

（四）有必要的并与经营范围相适应的经营场所和设施；

（五）有与生产经营规模和业务相适应的从业人员，其中专职人员不得少于 8 人；

（六）有健全的财会制度，能够实行独立核算，自负盈亏，独立编制资金平衡表或者资产负债表；

（七）有符合规定数额并与经营范围相适应的注册资金，其中生产性公司的注册资金不得少于 30 万元（人民币，下同），以批发业务为主的商业性公司的注册资金不得少于 50 万元，以零售业务为主的商业性公司的注册资金不得少于 30 万元，咨询服务性公司的注册资金不得少于 10 万元，其他企业法人的注册资金不得少于 3 万元，国家对企业注册资金数额有专项规定的按规定执行；

（八）有符合国家法律、法规和政策规定的经营范围；

（九）法律、法规规定的其他条件。

第十五条　外商投资企业申请企业法人登记，应当具备下列条件：

（一）有符合规定的名称；

（二）有审批机关批准的合同、章程；

（三）有固定经营场所、必要的设施和从业人员；

（四）有符合国家规定的注册资本；

（五）有符合国家法律、法规和政策规定的经营范围；

（六）有健全的财会制度，能够实行独立核算，自负盈亏，独立编制资金平衡表或者资产负债表。

第十六条　申请营业登记，应当具备下列条件：

（一）有符合规定的名称；

（二）有固定的经营场所和设施；

（三）有相应的管理机构和负责人；

（四）有经营活动所需要的资金和从业人员；

（五）有符合规定的经营范围；

（六）有相应的财务核算制度。

不具备企业法人条件的联营企业，还应有联合签署的协议。

外商投资企业设立的从事经营活动的分支机构应当实行非独立核算。

第十七条　外商投资企业设立的办事机构申请登记，应当具备下列条件：

（一）有符合规定的名称；

（二）有固定的办事场所和负责人。

外商投资企业设立的办事机构不得直接从事经营活动。

第十八条　企业法人章程的内容应当符合国家法律、法规和政策的规定，并载明下列事项：

（一）宗旨；

（二）名称和住所；

（三）经济性质；

（四）注册资金数额及其来源；

（五）经营范围和经营方式；

（六）组织机构及其职权；

（七）法定代表人产生的程序和职权范围；

（八）财务管理制度和利润分配形式；

（九）劳动用工制度；

（十）章程修改程序；

（十一）终止程序；

（十二）其他事项。

联营企业法人的章程还应载明：

（一）联合各方出资方式、数额和投资期限；

（二）联合各方成员的权利和义务；

（三）参加和退出的条件、程序；

（四）组织管理机构的产生、形式、职权及其决策程序；

（五）主要负责人任期。

外商投资企业的合营合同和章程按《中华人民共和国中外合资经营企业法》、《中华人民共和国中外合作经营企业法》和《中华人民共和国外资企业法》的有关规定制定。

第四章　登记注册事项

第十九条　企业法人登记注册的主要事项按照《条例》第九条规定办理。

营业登记的主要事项有：名称、地址、负责人、经营范围、经营方式、经济性质、隶属关系、资金数额。

第二十条　外商投资企业登记注册的主要事项有：名称、住所、经营范围、投资总额、注册资本、企业类型、法定代表人、营业期限、分支机构、有限责任公司股东或者股份有限公司发起人的姓名或者名称。

第二十一条　外商投资企业设立的分支机构登记注册的主要事项有：名

称、营业场所、负责人、经营范围、隶属企业。

第二十二条 外商投资企业设立的办事机构登记注册的主要事项有：名称、地址、负责人、业务范围、期限、隶属企业。

第二十三条 企业名称应当符合国家有关法律法规及登记主管机关的规定。

第二十四条 住所、地址、经营场所按所在市、县、（镇）及街道门牌号码的详细地址注册。

第二十五条 经登记主管机关核准登记注册的代表企业行使职权的主要负责人，是企业法人的法定代表人。法定代表人是代表企业法人根据章程行使职权的签字人。

企业的法定代表人必须是完全民事行为能力人，并且应当符合国家法律、法规和政策的规定。

第二十六条 登记主管机关根据申请单位提交的文件和章程所反映的财产所有权、资金来源、分配形式，核准企业和经营单位的经济性质。

经济性质可分别核准为全民所有制、集体所有制。联营企业应注明联合各方的经济性质，并标明"联营"字样。

第二十七条 外商投资企业的企业类型分别核准为中外合资经营、中外合作经营、外商独资经营。

第二十八条 登记主管机关根据申请单位的申请和所具备的条件，按照国家法律、法规和政策以及规范化要求，核准经营范围和经营方式。企业必须按照登记主管机关核准登记注册的经营范围和经营方式从事经营活动。

第二十九条 注册资金数额是企业法人经营管理的财产或者企业法人所有的财产的货币表现。除国家另有规定外，企业的注册资金应当与实有资金相一致。

企业法人的注册资金的来源包括财政部门或者设立企业的单位的拨款、投资。

第三十条 外商投资企业的注册资本是指设立外商投资企业在登记主管机关登记注册的资本总额，是投资者认缴的出资额。

注册资本与投资总额的比例，应当符合国家有关规定。

第三十一条 营业期限是联营企业、外商投资企业的章程、协议或者合同所确定的经营时限。营业期限自登记主管机关核准登记之日起计算。

附录 2 《中华人民共和国公司法》摘要

第三条 公司是企业法人，有独立的法人财产，享有法人财产权。公司以其全部财产对公司的债务承担责任。

有限责任公司的股东以其认缴的出资额为限对公司承担责任；股份有限公司的股东以其认购的股份为限对公司承担责任。

第四条 公司股东依法享有资产收益、参与重大决策和选择管理者等权利。

第五条 公司从事经营活动，必须遵守法律、行政法规，遵守社会公德、商业道德，诚实守信，接受政府和社会公众的监督，承担社会责任。

公司的合法权益受法律保护，不受侵犯。

第六条 设立公司，应当依法向公司登记机关申请设立登记。符合本法规定的设立条件的，由公司登记机关分别登记为有限责任公司或者股份有限公司；不符合本法规定的设立条件的，不得登记为有限责任公司或者股份有限公司。

法律、行政法规规定设立公司必须报经批准的，应当在公司登记前依法办理批准手续。

公众可以向公司登记机关申请查询公司登记事项，公司登记机关应当提供查询服务。

第七条 依法设立的公司，由公司登记机关发给公司营业执照。公司营业执照签发日期为公司成立日期。

公司营业执照应当载明公司的名称、住所、注册资本、经营范围、法定代表人姓名等事项。

公司营业执照记载的事项发生变更的，公司应当依法办理变更登记，由公司登记机关换发营业执照。

第八条 依照本法设立的有限责任公司，必须在公司名称中标明有限责任公司或者有限公司字样。

依照本法设立的股份有限公司，必须在公司名称中标明股份有限公司或者股份公司字样。

第九条　有限责任公司变更为股份有限公司，应当符合本法规定的股份有限公司的条件。股份有限公司变更为有限责任公司，应当符合本法规定的有限责任公司的条件。

有限责任公司变更为股份有限公司的，或者股份有限公司变更为有限责任公司的，公司变更前的债权、债务由变更后的公司承继。

第十条　公司以其主要办事机构所在地为住所。

第十一条　设立公司必须依法制定公司章程。公司章程对公司、股东、董事、监事、高级管理人员具有约束力。

第十二条　公司的经营范围由公司章程规定，并依法登记。公司可以修改公司章程，改变经营范围，但是应当办理变更登记。

公司的经营范围中属于法律、行政法规规定须经批准的项目，应当依法经过批准。

第十三条　公司法定代表人依照公司章程的规定，由董事长、执行董事或者经理担任，并依法登记。公司法定代表人变更，应当办理变更登记。

第十四条　公司可以设立分公司。设立分公司，应当向公司登记机关申请登记，领取营业执照。分公司不具有法人资格，其民事责任由公司承担。

公司可以设立子公司，子公司具有法人资格，依法独立承担民事责任。

第十五条　公司可以向其他企业投资；但是，除法律另有规定外，不得成为对所投资企业的债务承担连带责任的出资人。

第十六条　公司向其他企业投资或者为他人提供担保，依照公司章程的规定，由董事会或者股东会、股东大会决议；公司章程对投资或者担保的总额及单项投资或者担保的数额有限额规定的，不得超过规定的限额。

公司为公司股东或者实际控制人提供担保的，必须经股东会或者股东大会决议。

前款规定的股东或者受前款规定的实际控制人支配的股东，不得参加前款规定事项的表决。该项表决由出席会议的其他股东所持表决权的过半数通过。

附录 3 《中华人民共和国劳动合同法》摘要

第八条　用人单位招用劳动者时，应当如实告知劳动者工作内容、工作条件、工作地点、职业危害、安全生产状况、劳动报酬，以及劳动者要求了解的其他情况；用人单位有权了解劳动者与劳动合同直接相关的基本情况，劳动者应当如实说明。

第十一条　用人单位未在用工的同时订立书面劳动合同，与劳动者约定的劳动报酬不明确的，新招用的劳动者的劳动报酬按照集体合同规定的标准执行；没有集体合同或者集体合同未规定的，实行同工同酬。

第十七条　劳动合同应当具备以下条款：

（一）用人单位的名称、住所和法定代表人或者主要负责人；

（二）劳动者的姓名、住址和居民身份证或者其他有效身份证件号码；

（三）劳动合同期限；

（四）工作内容和工作地点；

（五）工作时间和休息休假；

（六）劳动报酬；

（七）社会保险；

（八）劳动保护、劳动条件和职业危害防护；

（九）法律、法规规定应当纳入劳动合同的其他事项。

劳动合同除前款规定的必备条款外，用人单位与劳动者可以约定试用期、培训、保守秘密、补充保险和福利待遇等其他事项。

第十九条　劳动合同期限三个月以上不满一年的，试用期不得超过一个月；劳动合同期限一年以上不满三年的，试用期不得超过二个月；三年以上固定期限和无固定期限的劳动合同，试用期不得超过六个月。

同一用人单位与同一劳动者只能约定一次试用期。

以完成一定工作任务为期限的劳动合同或者劳动合同期限不满三个月的，不得约定试用期。

试用期包含在劳动合同期限内。劳动合同仅约定试用期的，试用期不成立，该期限为劳动合同期限。

第二十四条 竞业限制的人员限于用人单位的高级管理人员、高级技术人员和其他负有保密义务的人员。竞业限制的范围、地域、期限由用人单位与劳动者约定，竞业限制的约定不得违反法律、法规的规定。

在解除或者终止劳动合同后，前款规定的人员到与本单位生产或者经营同类产品、从事同类业务的有竞争关系的其他用人单位，或者自己开业生产或者经营同类产品、从事同类业务的竞业限制期限，不得超过二年。

附录4 《中华人民共和国合伙企业法》摘要

第三条 合伙协议应当依法由全体合伙人协商一致，以书面形式订立。

第四条 订立合伙协议，设立合伙企业，应当遵循自愿、平等、公平、诚实信用原则。

第五条 合伙企业在其名称中不得使用"有限"或者"有限责任"字样。

第六条 合伙企业从事经营活动，必须遵守法律、行政法规，遵守职业道德。

第七条 合伙企业及其合伙人的财产和合法权益受法律保护。

第二章 合伙企业的设立

第八条 设立合伙企业，应当具备下列条件：

（一）有二个以上合伙人，并且都是依法承担无限责任者；

（二）有书面合伙协议；

（三）有各合伙人实际缴付的出资；

（四）有合伙企业的名称；

（五）有经营场所和从事合伙经营的必要条件。

第九条 合伙人应当为具有完全民事行为能力的人。

第十条 法律、行政法规禁止从事营利性活动的人，不得成为合伙企业的合伙人。

第十一条 合伙人可以用货币、实物、土地使用权、知识产权或者其他财产权利出资；上述出资应当是合伙人的合法财产及财产权利。

对货币以外的出资需要评估作价的，可以由全体合伙人协商确定，也可以由全体合伙人委托法定评估机构进行评估。

经全体合伙人协商一致，合伙人也可以用劳务出资，其评估办法由全体合伙人协商确定。

第十二条 合伙人应当按照合伙协议约定的出资方式、数额和缴付出资的期限，履行出资义务。

各合伙人按照合伙协议实际缴付的出资，为对合伙企业的出资。

第十三条　合伙协议应当载明下列事项：

（一）合伙企业的名称和主要经营场所的地点；

（二）合伙目的和合伙企业的经营范围；

（三）合伙人的姓名及其住所；

（四）合伙人出资的方式、数额和缴付出资的期限；

（五）利润分配和亏损分担办法；

（六）合伙企业事务的执行；

（七）入伙与退伙；

（八）合伙企业的解散与清算；

（九）违约责任。

合伙协议可以载明合伙企业的经营期限和合伙人争议的解决方式。

第十四条　合伙协议经全体合伙人签名、盖章后生效。合伙人依照合伙协议享有权利，承担责任。

经全体合伙人协商一致，可以修改或者补充合伙协议。

附录5 《中华人民共和国税收征收管理法》摘要

第二章　税务管理

第一节　税务登记

第十五条　企业，企业在外地设立的分支机构和从事生产、经营的场所，个体工商户和从事生产、经营的事业单位（以下统称从事生产、经营的纳税人）自领取营业执照之日起三十日内，持有关证件，向税务机关申报办理税务登记。税务机关应当于收到申报的当日办理登记并发给税务登记证件。

工商行政管理机关应当将办理登记注册、核发营业执照的情况，定期向税务机关通报。

本条第一款规定以外的纳税人办理税务登记和扣缴义务人办理扣缴税款登记的范围和办法，由国务院规定。

第十六条　从事生产、经营的纳税人，税务登记内容发生变化的，自工商行政管理机关办理变更登记之日起三十日内或者在向工商行政管理机关申请办理注销登记之前，持有关证件向税务机关申报办理变更或者注销税务登记。

第十七条　从事生产、经营的纳税人应当按照国家有关规定，持税务登记证件，在银行或者其他金融机构开立基本存款账户和其他存款账户，并将其全部账号向税务机关报告。

银行和其他金融机构应当在从事生产、经营的纳税人的账户中登录税务登记证件号码，并在税务登记证件中登录从事生产、经营的纳税人账户账号。

税务机关依法查询从事生产、经营的纳税人开立账户的情况时，有关银行和其他金融机构应当予以协助。

第十八条　纳税人按照国务院税务主管部门的规定使用税务登记证件。税务登记证件不得转借、涂改、损毁、买卖或者伪造。

参 考 文 献

[1] 刘亚娟 . 创业风险管理 [M]. 北京：中国劳动社会保障出版社，2011.

[2] 袁国辉 . 企业财务风险规避指南：会计务实、财务管理、税收筹划关键点及疑难解析 [M].
北京：人民邮电出版社，2018.

[3] 曹海涛 . 合伙创业：合伙机制＋股权分配＋风险规避 [M]. 北京：清华大学出版社，
2018.

[4] 樊登 . 低风险创业：樊登的 6 大创业心法 [M]. 北京：人民邮电出版社，2019.

[5] 侯杰朝 . 创业开公司：低成本创业指南 [M]. 北京：化学工业出版社，2020.